LE MONDE
OU
LE TRAITÉ DE LA LUMIÈRE

René DESCARTES

Le monde ou Traité de la lumière, a été écrit par René Descartes en 1632 et 1633.

Au mois de novembre 1633, tandis qu'il était proche de l'achever, il apprit que Galilée venait d'être condamné pour son *Dialogue sur les deux grands systèmes du monde*. L'année suivante, Isaac Beeckman lui en communiqua un exemplaire. Descartes mesura alors le risque qu'il encourait en publiant son *Traité sur le monde*, puisqu'aussi bien, à l'instar de Galilée, il y défendait la thèse de l'héliocentrisme. Dès lors, il renonça à le publier. Celui-ci ne le sera qu'en 1664, soit quatorze ans après sa mort...

Copyright © 2022 by Culturea
Édition : Culturea 34980 (Hérault)
Impression : BOD - In de Tarpen 42, Norderstedt (Allemagne)
ISBN : 9782385088958
Dépôt légal : Novembre 2022

Chapitre premier

DE LA DIFFÉRENCE QUI EST ENTRE NOS SENTIMENTS ET LES
CHOSES QUI LES PRODUISENT.

Me proposant de traiter ici de la lumière, la première chose dont je veux
vous avertir est qu'il peut y avoir de la différence entre le sentiment que
nous en avons, c'est-à-dire l'idée qui s'en forme en notre imagination par
l'entremise de nos yeux, et ce qui est dans les objets qui produit en nous ce
sentiment, c'est-à-dire ce qui est dans la flamme pu dans le soleil qui
s'appelle du nom de lumière : car, encore que chacun se persuade
communément que les idées que nous avons en notre pensée sont
entièrement semblables aux objets dont elles procèdent, je ne vois point
toutefois de raison qui nous assure que cela soit ; mais je remarque au
contraire plusieurs expériences qui nous en doivent faire douter.

Vous savez bien que les paroles n'ayant aucune ressemblance avec les
choses qu'elles signifient, ne laissent pas de nous les faire concevoir, et
souvent même sans que nous prenions garde au son des mots ni à leurs
syllabes ; en sorte qu'il peut arriver qu'après avoir ouï un discours dont nous
aurons fort bien compris le sens, nous ne pourrons pas dire en quelle langue
il aura été prononcé. Or si des mots qui ne signifient rien que par
l'institution des hommes, suffisent pour nous faire concevoir des choses
avec lesquelles ils n'ont aucune ressemblance, pourquoi la nature ne pourra-
t-elle pas aussi avoir établi certain signe qui nous fasse avoir le sentiment de
la lumière, bien que ce signe n'ait rien en soi qui soit semblable à ce
sentiment ? Et n'est-ce pas ainsi qu'elle a établi les rires et les larmes, pour
nous faire lire la joie et la tristesse sur le visage des hommes ?

Mais vous direz peut-être que nos oreilles ne nous font véritablement
sentir que le son des paroles, ni nos yeux que la contenance de celui qui rit
ou qui pleure, et que c'est notre esprit qui, ayant retenu ce que signifient ces
paroles et cette contenance, nous le représente en même temps. A cela je
pourrais répondre que c'est notre esprit tout de même qui nous représente
l'idée de la lumière toutes les fois que l'action qui la signifie touche notre
œil ; mais, sans perdre de temps à disputer, j'aurai plus tôt fait d'apporter un
autre exemple.

Pensez-vous, lors même que nous ne prenons pas garde à la signification
des paroles, et que nous entendons seulement leur son, que l'idée de ce son
qui se forme en notre pensée soit quelque chose de semblable à l'objet qui
en est la cause ? Un homme ouvre la bouche, remue la langue, pousse son
haleine ; je ne vois rien en toutes ces actions qui ne soit fort différent de
l'idée du son qu'elles nous font imaginer. Et la plupart des philosophes

assurent que le son n'est autre chose qu'un certain tremblement d'air qui vient frapper nos oreilles ; en sorte que si le sens de l'ouïe rapportait à notre pensée la vraie image de son objet, il faudrait, au lieu de nous faire concevoir le son, qu'il nous fit concevoir le mouvement des parties de l'air qui tremble pour lors contre nos oreilles. Mais, parce que tout le monde ne voudra peut-être pas croire ce que disent les philosophes, j'apporterai encore un autre exemple.

L'attouchement est celui de tous nos sens que l'on estime le moins trompeur et le plus assuré ; de sorte que si je vous montre que l'attouchement même nous fait concevoir plusieurs idées qui ne ressemblent en aucune façon aux objets qui les produisent, je ne pense pas que vous deviez trouver étrange si je dis que la vue peut faire le semblable. Or il n'y a personne qui ne sache que les idées du chatouillement et de la douleur qui se forment en notre pensée à l'occasion des corps de dehors qui nous touchent, n'ont aucune ressemblance avec eux. On passe doucement une plume sur les lèvres d'un enfant qui s'endort, et il sent qu'on le chatouille : pensez-vous que l'idée du chatouillement qu'il conçoit ressemble à quelque chose de ce qui est en cette plume ? Un gendarme revient d'une mêlée ; pendant la chaleur du combat, il aurait pu être blessé sans s'en apercevoir, mais maintenant qu'il commence à se refroidir il sent de la douleur, il croit être blessé ; on appelle un chirurgien, on ôte ses armes, on le visite, et on trouve enfin que ce qu'il sentait n'était autre chose qu'une boucle ou une courroie qui, s'étant engagée sous ses armes, le pressait et l'incommodait. Si son attouchement, en lui faisant sentir cette courroie, en eût imprimé l'image en sa pensée, il n'aurait pas eu besoin d'un chirurgien pour l'avertir de ce qu'il sentait.

Or je ne vois point de raison qui nous oblige à croire que ce qui est dans les objets d'où nous vient le sentiment de la lumière, soit plus semblable à ce sentiment que les actions d'une plume et d'une courroie le sont au chatouillement et à la douleur ; et toutefois je n'ai point apporté ces exemples pour vous faire croire absolument que cette lumière est autre dans les objets que dans nos yeux, mais seulement afin que vous en doutiez, et que, vous gardant d'être préoccupé du contraire, vous puissiez maintenant mieux examiner avec moi ce qui en est.

Chapitre II

EN QUOI CONSISTE LA LUMIÈRE ET LA CHALEUR DU FEU.

Je ne connais au monde que deux sortes de corps ; dans lesquels la lumière se trouve, à savoir les astres, et la flamme ou le feu ; et parce que les astres sont sans doute plus éloignés de la connaissance des hommes que n'est le feu ou la flamme, je tâcherai premièrement d'expliquer ce que je remarque touchant la flamme.

Lorsqu'elle brûle du bois, ou quelque autre semblable ; matière, nous pouvons voir à l'œil qu'elle remue les petites parties de ce bois, et les sépare l'une de l'autre, transformant ainsi les plus subtiles en feu, en air et en fumée, et laissant les plus grossières pour les cendres. Qu'un autre donc imagine, s'il veut, en ce bois la forme du feu, la qualité de la chaleur et l'action qui le brûle, comme des choses toutes diverses, pour moi, qui crains de me tromper si j'y suppose quelque chose de plus que ce que je vois nécessairement y devoir être, je me contente d'y concevoir le mouvement de ses parties : car mettez-y du feu, mettez-y de la chaleur, et faites qu'il brûle tant qu'il vous plaira, si vous ne supposez point avec cela qu'il y ait aucune de ses parties qui se remue, ni qui se détache de ses voisines, je ne me saurais imaginer qu'il reçoive aucune altération ni changement ; et au contraire, ôtez-en le feu, ôtez-en la chaleur, empêchez qu'il ne brûle, pourvu seulement que vous m'accordiez qu'il y a quelque puissance qui remue violemment les plus subtiles de ses parties, et qui les sépare des plus grossières, je trouve que cela seul pourra faire en lui tous les mêmes changements qu'on expérimente quand il brûle.

Or, d'autant qu'il ne me semble pas possible de concevoir qu'un corps en puisse remuer un autre, si ce n'est en se remuant aussi soi-même, je conclus de ceci que le corps de la flamme qui agit contre le bois est composé de petites parties qui se remuent séparément l'une de l'autre d'un mouvement très prompt et très violent, et qui, se remuant en cette sorte, poussent et remuent avec soi les parties des corps qu'elles touchent, et qui ne leur font point trop de résistance. Je dis que ses parties se remuent séparément l'une de l'autre, car encore que souvent elles s'accordent et conspirent plusieurs ensemble pour faire un même effet, nous voyons toutefois que chacune d'elles agit en son particulier contre les corps qu'elles touchent. Je dis aussi que leur mouvement est très prompt et très violent ; car, étant si petites que la vue ne nous les saurait faire distinguer, elles n'auraient pas tant de force qu'elles ont pour agir contre les autres corps, si la promptitude de leur mouvement ne récompensait le défaut de leur grandeur.

Je n'ajoute point de quel côté chacune se remue ; car, si vous considérez que la puissance de se mouvoir, et celle qui détermine de quel côté le mouvement se doit faire, sont deux choses toutes diverses, et qui peuvent être l'une sans l'autre (ainsi que j'ai expliqué au discours second de la Dioptrique), vous jugerez aisément que chacune se remue en la façon qui lui est rendue moins difficile par la déposition des corps qui l'environnent, et que dans la même flamme il peut y avoir des, parties qui aillent en haut et d'autres en bas, tout droit et en rond, et de tous côtés, sans que cela change rien de sa nature ; en sorte que si vous les voyez tendre en haut presque toutes, il ne faut pas penser que ce soit pour autre raison, sinon parce que les autres corps qui les touchent se trouvent presque toujours disposés à leur faire plus de résistance de tous les autres côtés.

Mais, après avoir reconnu que les parties de la flamme se remuent en cette sorte, et qu'il suffit de concevoir ses mouvements pour comprendre comment elle a la puissance de consumer le bois et de brûler, examinons, je vous prie, si le même ne suffirait point aussi pour nous faire comprendre comment elle nous échauffe et comment elle nous éclaire : car, si cela se trouve, il ne sera pas nécessaire qu'il y ait en elle aucune autre qualité, et nous pourrons dire que c'est ce mouvement seul qui, selon les différents effets qu'il produit, s'appelle tantôt chaleur et tantôt lumière.

Or, pour ce qui est de la chaleur, le sentiment que nous en avons peut, ce me semble, être pris pour une espèce de douleur quand il est violent, et quelquefois pour une espèce de chatouillement quand il est modéré ; et comme nous avons déjà dit qu'il n'y a rien hors de notre pensée qui soit semblable aux idées que nous concevons du chatouillement et de la douleur, nous pouvons bien croire aussi qu'il n'y a rien qui soit semblable à celle que nous concevons de la chaleur, mais que tout ce qui peut remuer diversement les petites parties de nos mains, ou de quelque autre endroit de notre corps, peut exciter en nous ce sentiment : même plusieurs expériences favorisent cette opinion ; car en se frottant seulement les mains, on les échauffe, et tout autre corps peut aussi être échauffé sans être mis auprès du feu, pourvu seulement qu'il soit agité et ébranlé en telle sorte que plusieurs de ses petites parties se remuent et puissent remuer avec soi celles de nos mains.

Pour ce qui est de la lumière, on peut bien aussi concevoir que le même mouvement qui est dans la flamme suffît pour nous la faire sentir ; mais parce que c'est en ceci que consiste la principale partie de mon dessein, je veux tâcher de l'expliquer au long, et reprendre mon discours de plus haut.

Chapitre III

DE LA DURETÉ ET DE LA LIQUIDITÉ.

Je considère qu'il y a une infinité de divers mouvements qui durent perpétuellement dans le monde ; et après avoir remarqué les plus grands, qui font les jours, les mois et les années, je prends garde que les vapeurs de la terre ne cessent point de monter vers les nuées et d'en descendre, que l'air est toujours agité par les vents, que la mer n'est jamais en repos, que les fontaines et les rivières coulent sans cesse, que les plus fermes bâtiments tombent enfin en décadence, que les plantes et les animaux ne font que croître ou se corrompre ; bref, qu'il n'y a rien en aucun lieu qui ne se change : d'où je connais évidemment que ce n'est pas dans la flamme seule qu'il y a quantité de petites parties qui ne cessent point de se mouvoir ; mais qu'il y en a aussi dans tous les autres corps, encore que leurs actions ne soient pas si violentes, et qu'à cause de leur petitesse elles ne puissent être aperçues par aucun de nos sens.

Je ne m'arrête pas à chercher la cause de leurs mouvements ; car il me suffit de penser qu'elles ont commencé à se mouvoir aussitôt que le monde a commencé d'être ; et cela étant, je trouve par mes raisons qu'il est impossible que leurs mouvements cessent jamais, ni même qu'ils changent autrement que de sujet ; c'est-à-dire que la vertu ou la puissance de se mouvoir soi-même, qui se rencontre dans un corps, peut bien passer toute ou partie dans un autre, et ainsi n'être plus dans le premier, mais qu'elle ne peut pas n'être plus du tout dans le monde. Mes raisons, dis-je, me satisfont assez là-dessus, mais je n'ai pas encore occasion de vous les dire ; et cependant vous pouvez imaginer, si bon vous semble, ainsi que font la plupart des doctes, qu'il y a quelque premier mobile qui, roulant autour du monde avec une vitesse incompréhensible, est l'origine et la source de tous les autres mouvements qui s'y rencontrent.

Or, ensuite de cette considération, il y a moyen d'expliquer la cause de tous les changements qui arrivent dans le monde, et de toutes les variétés qui paraissent sur la terre ; mais je me contenterai ici de parler de celles qui servent à mon sujet.

La différence qui est entre les corps durs et ceux qui sont liquides, est la première que je désire que vous remarquiez ; et, pour cet effet, pensez que chaque corps peut être divisé en des parties extrêmement petites. Je ne veux point déterminer si leur nombre est infini ou non ; mais du moins il est certain qu'à l'égard de notre connaissance, il est indéfini, et que nous pouvons supposer qu'il y en a plusieurs millions dans le moindre petit grain de sable qui puisse être aperçu de nos yeux.

Et remarquez que si deux de ces petites parties s'entre-touchent sans être en action, pour s'éloigner l'une de l'autre, il est besoin de quelque force pour les séparer, si peu que ce puisse être ; car, étant une fois ainsi posées, elles ne s'aviseraient jamais d'elles-mêmes de se mettre autrement. Remarquez aussi qu'il faut deux fois autant de force pour en séparer deux que pour en séparer une, et mille fois autant pour en séparer mille ; de sorte que s'il en faut séparer plusieurs millions tout à la fois, comme il faut peut-être faire pour rompre un seul cheveu, ce n'est pas merveille s'il fout une force assez sensible.

Au contraire, si deux ou plusieurs de ces petites parties se touchent seulement en passant, et lorsqu'elles sont en action pour se mouvoir, l'une d'un côté, l'autre de l'autre, il est certain qu'il faudra moins de force pour les séparer que si elles étaient tout à fait sans mouvement, et, même qu'il n'y en faudra point du tout si le mouvement avec lequel elles se peuvent séparer d'elles-mêmes est égal ou plus grand que celui avec lequel on les veut séparer. Or je ne trouve point d'autre différence entre les corps durs et les corps liquides, sinon que les parties des uns peuvent être séparées d'ensemble beaucoup plus aisément que celles des autres. De sorte que, pour composer le corps le plus dur qui puisse être imaginé, je pense qu'il suffit que toutes ses parties se touchent, sans qu'il reste d'espace entre deux, ni qu'aucune d'elles soient en action pour se mouvoir ; car quelle colle ou quel ciment y pourrait-on imaginer outre cela pour les mieux faire tenir l'une à l'autre ?

Je pense aussi que c'est assez pour composer le corps le plus liquide qui se puisse trouver, si toutes ses plus petites parties se remuent le plus diversement l'une de l'autre et le plus vite qu'il est possible, encore qu'avec cela elles ne laissent pas de se pouvoir toucher l'une l'autre de tous côtés, et se ranger en aussi peu d'espace que si elles étaient sans mouvement. Enfin, je crois que chaque corps approche plus ou moins de ces deux extrémités, selon que ses parties sont plus ou moins en action pour s'éloigner l'une de l'autre ; et toutes les expériences sur lesquelles je jette les yeux me confirment en cette opinion.

La flamme, dont j'ai déjà dit que toutes les parties sont perpétuellement agitées, est non seulement liquide, mais aussi elle rend liquides la plupart des autres corps. Et remarquez que quand elle fond les métaux, elle n'agit pas avec une autre puissance que quand elle brûle du bois ; mais, parce que les parties des métaux sont à peu près égales, elle ne les peut remuer l'une sans l'autre, et ainsi elle en compose des corps tout liquides, au lieu que les parties du bois sont tellement inégales, qu'elle en peut séparer les plus petites et les rendre liquides, c'est-à-dire les faire voler en fumée, sans agiter ainsi les plus grosses.

Après la flamme, il n'y a rien de plus liquide que l'air, et l'on peut voir à l'œil que ses parties se remuent séparément l'une de l'autre ; car si vous daignez regarder ces petits corps qu'on nomme communément des atomes, et qui paraissent aux rayons du soleil, vous les verrez, lors même qu'il n'y aura point de vent qui les agite, voltiger incessamment çà et là en mille façons différentes. On peut aussi éprouver le semblable en toutes les liqueurs les plus grossières, si l'on en mêle de diverses couleurs l'une parmi l'autre afin de mieux distinguer leurs mouvements. Et enfin cela paraît très clairement dans les eaux-fortes, lorsqu'elles remuent et séparent les parties de quelque métal.

Mais vous me pourriez demander en cet endroit-ci pourquoi, si c'est le seul mouvement des parties de la flamme qui fait qu'elle brûle et qu'elle est liquide, le mouvement des parties de l'air, qui le rend aussi extrêmement liquide, ne lui donne-t-il pas tout de même la puissance de brûler, mais au contraire il fait que nos mains ne le peuvent presque sentir. A quoi je réponds qu'il ne faut pas seulement prendre garde à la vitesse du mouvement, mais aussi à la grosseur des parties, et que ce sont les plus petites qui font les corps les plus liquides, mais que ce sont les plus grosses qui ont le plus de force pour brûler, et généralement pour agir contre les autres corps.

Remarquez en passant que je prends ici, et que je prendrai toujours ci-après pour une seule partie, tout ce qui est joint ensemble et qui n'est point en action pour se séparer, encore que celles qui ont tant soit peu de grosseur puissent aisément être divisées en beaucoup d'autres plus petites ; ainsi un grain de sable, une pierre, un rocher, et toute la terre même, pourra ci-après être prise pour une seule partie, en tant que nous n'y considérerons qu'un mouvement tout simple et tout égal.

Or, entre les parties de l'air, s'il y en a de fort grosses en comparaison des autres, comme sont ces atomes qui s'y voient, elles se remuent aussi fort lentement, et s'il y en a qui se remuent plus vite, elles sont aussi plus petites ; mais, entre les parties de la flamme, s'il y en a de plus petites que dans l'air, il y en a aussi de plus grosses, ou du moins il y en a un plus grand nombre d'égales aux plus grosses de celles de l'air, qui avec cela se remuent beaucoup plus vite, et ce ne sont que ces dernières qui ont la puissance de brûler.

Qu'il y en ait de plus petites, on le peut conjecturer de ce qu'elles pénètrent au travers de plusieurs corps, dont les pores sont si étroits que l'air même n'y peut entrer ; qu'il y en ait ou de plus grosses ou d'aussi grosses en plus grand nombre, on le voit clairement en ce que l'air seul ne suffit pas pour la nourrir ; qu'elles se remuent plus vite, la violence de leur action nous le fait assez éprouver ; et enfin que ce soient les plus grosses de ces parties qui ont la puissance de brûler, et non point les autres, il paraît en ce que la flamme qui sort de l'eau-de-vie ou des autres corps fort subtils ne brûle presque point, et qu'au contraire celle qui s'engendre dans les corps durs et pesants est fort ardente.

Chapitre IV

DU VIDE ; ET D'OÙ VIENT QUE NOS SENS N'APERÇOIVENT PAS
CERTAINS CORPS.

Mais il faut examiner plus particulièrement pourquoi l'air étant un corps
aussi bien que les autres, ne peut pas aussi bien qu'eux être senti, et par
même moyen nous délivrer d'une erreur dont nous avons été préoccupés dès
notre enfance, lorsque nous avons cru qu'il n'y avait point d'autres corps
autour de nous que ceux qui pouvaient être sentis : et ainsi que si l'air en
était un, parce que nous le sentions quelque peu, il ne devait pas au moins
être si matériel ni si solide que ceux que nous sentions davantage.

Touchant quoi je désire premièrement que vous remarquiez que tous les
corps, tant durs que liquides, sont faits d'une même matière, et qu'il est
impossible de concevoir que les parties de cette matière composent jamais
un corps plus solide, ni qui occupe moins d'espace qu'elles font lorsque
chacune d'elles est touchée de tous côtés par les autres qui l'environnent ;
d'où il suit, ce me semble, que s'il peut y avoir du vide quelque part, ce doit
plutôt être dans les corps durs que dans les liquides : car il est évident que
les parties de ceux-ci se peuvent bien plus aisément presser et agencer l'une
contre l'autre, à cause qu'elles se remuent, que ne font pas celles des autres
qui sont sans mouvement.

Si vous mettez, par exemple, de la poudre en quelque vase, vous le
secouez, et frappez contre, pour faire qu'il y en entre davantage ; mais si
vous y versez quelque liqueur, elle se range incontinent d'elle-même en
aussi peu de lieu qu'on la peut mettre. Et même si vous considérez sur ce
sujet quelques-unes des expériences dont les philosophes ont accoutumé de
se servir pour montrer qu'il n'y a point de vide en la nature, vous connaîtrez
aisément que tous ces espaces que le peuple estime vides, et où nous ne
sentons que de l'air, sont du moins aussi remplis, et remplis de la même
matière que ceux où nous sentons les autres corps.

Car dites-moi, je vous prie, quelle apparence y aurait-il que la nature fit
monter les corps les plus pesants, et rompre les plus durs, ainsi qu'on
expérimente qu'elle fait en certaines machines, plutôt que de souffrir
qu'aucune de leurs parties cessent de s'entre-toucher, ou de toucher à
quelques autres corps, et qu'elle permît cependant que les parties de l'air,
qui sont si faciles à plier et à s'agencer de toutes manières, demeurassent les
unes auprès des autres sans s'entre-toucher de tous côtés, ou bien sans qu'il
y eût quelque autre corps parmi elles auquel elles touchassent ? Pourrait-on
bien croire que l'eau qui est dans un puits dût monter en haut contre son
inclination naturelle, afin seulement que le tuyau d'une pompe soit rempli,

et penser que l'eau qui est dans les nues ne dût point descendre, pour achever de remplir les espaces qui sont ici-bas, s'il y avait tant soit peu de vide entre les parties des corps qu'ils contiennent ?

Mais vous me pourriez proposer ici une difficulté qui est assez considérable ; c'est à savoir que les parties qui composent les corps liquides ne peuvent pas, ce semble, se remuer incessamment comme j'ai dit qu'elles font, si ce n'est qu'il se trouve de l'espace vide parmi elles, au moins dans les lieux d'où elles sortent à mesure qu'elles se remuent ; à quoi j'aurais de la peine à répondre, si je n'avais reconnu, par diverses expériences, que tous les mouvements qui se font au monde sont en quelque façon circulaires, c'est-à-dire que, quand un corps quitte sa place, il entre toujours en celle d'un autre, et celui-ci en celle d'un autre, et ainsi de suite jusqu'au dernier, qui occupe au même instant le lieu délaissé par le premier, en sorte qu'il ne se trouve pas davantage de vide parmi eux lorsqu'ils se remuent que lorsqu'ils sont arrêtés. Et remarquez ici qu'il n'est point pour cela nécessaire que toutes les parties des corps qui se remuent ensemble soient exactement disposées en rond comme un vrai cercle, ni même qu'elles soient de pareille grosseur et figure ; car ces inégalités peuvent aisément être compensées par d'autres inégalités qui se trouvent en leur vitesse.

Or nous ne remarquons pas communément ces mouvements circulaires quand les corps se remuent en l'air, parce que nous sommes accoutumés de ne concevoir l'air que comme un espace vide ; mais voyez nager des poissons dans le bassin d'une fontaine, s'ils ne s'approchent point trop près de la surface de l'eau, ils ne la feront point du tout branler, encore qu'ils passent dessous avec une très grande vitesse ; d'où il paraît manifestement que l'eau qu'ils poussent devant eux ne pousse pas indifféremment toute l'eau du bassin, mais seulement celle qui peut mieux servir à parfaire le cercle de leur mouvement, et rentrer en la place qu'ils abandonnent.

Et cette expérience suffit pour montrer combien ces mouvements circulaires sont aisés et familiers à la nature ; mais j'en veux maintenant apporter une autre, pour montrer qu'il ne se fait jamais aucun mouvement qui ne soit circulaire. Lorsque le vin qui est dans un tonneau ne coule point par l'ouverture qui est au bas, à cause que le dessus est tout fermé, c'est parler improprement que de dire, ainsi que l'on fait d'ordinaire, que cela se fait crainte du vide. On sait bien que ce vin n'a point d'esprit pour craindre quelque chose ; et quand il en aurait, je ne sais pour quelle occasion il pourrait appréhender ce vide, qui n'est en effet qu'une chimère ; mais il faut dire plutôt qu'il ne peut sortir de ce tonneau à cause que le dehors est tout aussi plein qu'il peut être, et que la partie de l'air dont il occuperait la place s'il descendait n'en peut trouver d'autre où se mettre en tout le reste de l'univers, si on ne fait une ouverture au-dessus du tonneau, par laquelle cet air puisse remonter circulairement en sa place.

Au reste, je ne veux pas assurer pour cela qu'il n'y a point du tout de vide en la nature ; j'aurais peur que mon discours ne devînt trop long si j'entreprenais d'expliquer ce qui en est ; et les expériences dont j'ai parlé ne sont point suffisantes pour le prouver, quoiqu'elles le soient assez pour persuader que les espaces où nous ne sentons rien sont remplis de la même matière, et contiennent autant pour le moins de cette matière que ceux qui sont occupés par les corps que nous sentons : en sorte que lorsqu'un vase, par exemple, est plein d'or ou de plomb, il ne contient pas pour cela plus de matière que lorsque nous pensons qu'il soit vide ; ce qui peut sembler bien étrange à plusieurs dont la raison ne s'étend pas plus loin que les doigts, et qui pensent qu'il n'y a rien au monde que ce qu'ils touchent. Mais quand vous aurez considéré ce qui fait que nous sentons un corps, ou que nous le sentons pas, je m'assure que vous ne trouverez en cela rien d'incroyable ; car vous connaîtrez évidemment que tant s'en faut que toutes les choses qui sont autour de nous puissent être senties, qu'au contraire ce sont celles qui y sont le plus ordinairement qui le peuvent être le moins, et que celles qui y sont toujours ne le peuvent être jamais.

La chaleur de notre cœur est bien grande, mais nous ne la sentons pas, à cause qu'elle est ordinaire ; la pesanteur de notre corps n'est pas petite, mais elle ne nous incommode point ; nous ne sentons pas même celle de nos habits, parce que nous sommes accoutumés à les porter : et là raison de ceci est assez claire ; car il est certain que nous ne saurions sentir aucun corps s'il n'est cause de quelque changement dans les organes de nos sens, c'est-à-dire s'il ne remue en quelque façon les petites parties de la matière dont ces organes sont composés ; ce que peuvent bien faire les objets qui ne se présentent pas toujours, pourvu seulement qu'ils aient assez de force ; car s'ils y corrompent quelque chose pendant qu'ils agissent, cela se peut réparer après par la nature lorsqu'ils n'agissent plus : mais pour ceux qui nous touchent continuellement, s'ils ont jamais eu la puissance de produire quelque changement en nos sens, et de remuer quelques parties de leur matière, ils ont dû, à force de les remuer, les séparer entièrement des autres dès le commencement de notre vie, et ainsi ils n'y peuvent avoir laissé que celles qui résistent tout à fait à leur action, et par le moyen desquelles ils ne peuvent en aucune façon être sentis ; d'où vous voyez que ce n'est pas merveille qu'il y ait plusieurs espaces autour de nous où nous ne sentons aucun corps, encore qu'ils n'en contiennent pas moins que ceux où nous en sentons le plus.

Mais il ne faut pas penser pour cela que cet air grossier que nous attirons dans nos poumons en respirant, qui se convertit en vent quand il est agité, qui nous semble dur quand il est enfermé dans un ballon, et qui n'est composé que d'exhalaisons et de fumées, soit aussi solide que l'eau ni que la terre. Il faut suivre en ceci l'opinion commune des philosophes, lesquels assurent tous qu'il est plus rare. Et ceci se connaît facilement par expérience ; car les parties d'une goutte d'eau étant séparées l'une de l'autre par l'agitation de la chaleur, peuvent composer beaucoup plus de cet air que l'espace où était l'eau n'en saurait contenir : d'où il suit infailliblement qu'il y a grande quantité de petits intervalles entre les parties dont il est composé ; car il n'y a pas moyen de concevoir autrement un corps rare. Mais parce que ces intervalles ne peuvent être vides, ainsi que j'ai dit ci-dessus, je conclus de tout ceci qu'il y a nécessairement quelques autres corps, un ou plusieurs, mêlés parmi cet air, lesquels remplissent aussi justement qu'il est possible les petits intervalles qu'il laisse entre ses parties. Il ne reste plus maintenant qu'à considérer quels peuvent être ces autres corps, et après cela j'espère qu'il ne sera pas malaisé de comprendre quelle peut être la nature de la lumière.

Chapitre V

DU NOMBRE DES ÉLÉMENTS ET DE LEURS QUALITÉS.

Les philosophes assurent qu'il y a au-dessus des nuées un certain air beaucoup plus subtil que le nôtre, et qui n'est pas composé des vapeurs de la terre comme lui, mais qui fait un élément à part. Ils disent aussi qu'au-dessus de cet air il y a encore un autre corps beaucoup plus subtil qu'ils appellent l'élément du feu. Ils ajoutent de plus que ces deux éléments sont mêlés avec l'eau et la terre en la composition de tous les corps inférieurs ; si bien que je ne ferai que suivre leur opinion, si je dis que cet air plus subtil et cet élément du feu remplissent les intervalles qui sont entre les parties de l'air grossie que nous respirons, en sorte que ces corps, entrelacés l'un dans l'autre, composent une masse qui est aussi solide qu'aucun corps le saurait être.

Mais, afin que je puisse mieux vous faire entendre ma pensée sur ce sujet, et que vous ne pensiez pas que je veuille vous obliger à croire tout ce que les philosophes nous disant des éléments, il faut que je vous les décrive à ma mode.

Je conçois le premier, qu'on peut nommer l'élément de feu, comme une liqueur la plus subtile et la plus pénétrante qui soit au monde ; et ensuite de ce qui a été dit ci-dessus touchant la nature des corps liquides, je m'imagine que ses parties sont beaucoup plus petites et se remuent beaucoup plus vite qu'aucunes de celles des autres corps ; ou plutôt, afin de n'être pas contraint d'admettre aucun vide en la nature, je ne lui attribue point de parties qui aient aucune grosseur ni figure déterminée, mais je me persuade que l'impétuosité de son mouvement est suffisante pour faire qu'il soit divisé en toutes façons et en tous sens par la rencontre des autres corps, et que ses parties changent de figure à tous moments pour s'accommoder à celle des lieux où elles entrent ; en sorte qu'il n'y a jamais de passage si étroit ni d'angle si petit entre les parties des autres corps où celles de cet élément ne pénètrent sans aucune difficulté et qu'elles ne remplissent exactement.

Pour le second, qu'on peut prendre pour l'élément de l'air, je le conçois bien aussi comme une liqueur très subtile en le comparant avec le troisième ; mais, pour le comparer avec le premier, il est besoin d'attribuer quelque grosseur et quelque figure à chacune de ses parties, et de les imaginer à peu près toutes rondes et jointes ensemble ainsi que des grains de sable et de poussière ; en sorte qu'elles ne se peuvent si bien agencer, ni tellement presser l'une contre l'autre, qu'il ne demeure toujours autour d'elles plusieurs petits intervalles dans lesquels il est bien plus aisé au premier élément de se glisser, que non pas à elles de changer de figure tout exprès pour les remplir. Et ainsi je me persuade que ce second élément ne peut être si pur en aucun endroit du monde qu'il n'y ait toujours avec lui quelque peu de la matière du premier.

Après ces deux éléments je n'en reçois plus qu'un troisième, à savoir celui de la terre, duquel je juge que les parties sont d'autant plus grosses et se remuent d'autant moins vite à comparaison de celles du second, que font celles-ci à comparaison de celles du premier ; et même je crois que c'est assez de le concevoir comme une ou plusieurs grosses masses dont les parties n'ont que fort peu ou point du tout de mouvement qui leur fasse changer de situation à l'égard l'une de l'autre.

Que si vous trouvez étrange que, pour expliquer ces éléments, je ne me serve point des qualités qu'on nomme chaleur, froideur, humidité et sécheresse, ainsi que font les philosophes, je vous dirai que ces qualités me semblent avoir elles-mêmes besoin d'explication, et que, si je ne me trompe, non seulement ces quatre qualités, mais aussi toutes les autres, et même toutes les formes des corps inanimés, peuvent être expliquées sans qu'il soit besoin de supposer pour cet effet aucune autre chose en leur matière que le mouvement, la grosseur, la figure et l'arrangement de ces parties ; ensuite de quoi je vous pourrai facilement faire entendre pourquoi je ne reçois point d'autres éléments que ceux que j'ai décrits : car la différence qui doit être entre eux et les autres corps que les philosophes appellent mixtes ou mêlés et composés, consiste en ce que les formes de ces corps mêlés contiennent toujours en soi quelques qualités qui se contrarient et qui se nuisent, ou du moins qui ne tendent point à la conservation l'une de l'autre ; au lieu que les formes des éléments doivent être simples et n'avoir aucune qualités qui ne s'accordent ensemble si parfaitement que chacune tende à la conservation de toutes les autres.

Or je ne saurais trouver aucunes formes au monde qui soient telles, excepté les trois que j'ai décrites ; car celle que j'ai attribuée au premier élément consiste en ce que ses parties se remuent si extrêmement vite, et sont si petites, qu'il n'y a point d'autres corps capables de les arrêter, et qu'outre cela elles ne requièrent aucune grosseur, ni figure, ni situation déterminées. Celle du second consiste en ce que ses parties ont un mouvement et une grosseur si médiocres que, s'il se trouve plusieurs causes au monde qui puissent augmenter leur mouvement et diminuer leur grosseur, il s'en trouve justement autant d'autres qui peuvent faire tout le contraire, en sorte qu'elles demeurent toujours comme en balance en cette même médiocrité. Et celle du troisième consiste en ce que ses parties sont si grosses, ou tellement jointes ensemble, qu'elles ont la force de résister toujours aux mouvements des autres corps.

Examinez tant qu'il vous plaira toutes les formes que les divers mouvements, les diverses figures et grosseurs, et le différent arrangement des parties de la matière peuvent donner aux corps mêlés, et je m'assure que vous n'en trouverez aucune qui n'ait en soi des qualités qui tendent à faire qu'elle se change, et en se changeant qu'elle se réduise à quelqu'une de celles des éléments.

Comme, par exemple, la flamme, dont la forme demande d'avoir des parties qui se remuent très vite, et qui avec cela aient quelque grosseur, ainsi qu'il a été dit ci-dessus, ne peut pas être longtemps sans se corrompre ; car, ou la grosseur de ses parties, leur donnant la force d'agir contre les autres corps sera cause de la diminution de leur mouvement, ou la violence de leur agitation, les faisant rompre en se heurtant contre les corps qu'elles rencontrent, sera cause de l'a perte de leur grosseur ; et ainsi elles pourront peu à peu se réduire à la forme du troisième élément, ou à celle du second, et même aussi quelques-unes à celle du premier. Et par là vous pouvez connaître la différence qui est entre cette flamme, ou le feu commun qui est parmi nous, et l'élément du feu que j'ai décrit. Et vous devez savoir aussi que les éléments de l'air et de la terre, c'est-à-dire le second et troisième élément, ne sont point semblables non plus à cet air grossier que nous respirons, ni à cette terre sur laquelle nous marchons, mais que généralement tous les corps qui paraissent autour de nous sont mêlés ou composés et sujets à corruption.

Et toutefois il ne faut pas pour cela penser que les éléments n'aient aucuns lieux dans le monde qui leur soient particulièrement destinés, et où ils puissent perpétuellement se conserver en leur pureté naturelle ; mais au contraire, puisque chaque partie de la matière tend toujours à se réduire à quelques-unes de leurs formes, et qu'y étant une fois réduite elle ne tend jamais à la quitter, quand bien même Dieu n'aurait créé au commencement que des corps mêlés, néanmoins, depuis le temps que le monde est, tous ces corps auraient eu le loisir de quitter leurs formes et de prendre celles des éléments ; de sorte que maintenant il y a grande apparence que tous les corps qui sont assez grands pour être comptés entre les plus notables parties de l'univers n'ont chacun la forme que de l'un des éléments toute simple, et qu'il ne peut y avoir de corps mêlés ailleurs que sur les superficies de ces grands corps : mais là il faut de nécessité qu'il y en ait ; car les éléments étant de nature fort contraire, il ne se peut faire que deux d'entre eux s'entre-touchent sans qu'ils agissent contre les superficies l'un de l'autre, et donnent ainsi à la matière qui y est les diverses formes de ces corps mêlés..

A propos de quoi, si nous considérons généralement tous les corps dont l'univers est composé, nous n'en trouverons que de trois sortes qui puissent être appelés grands, et comptés entre ses principales parties, c'est à savoir le soleil et les étoiles fixes pour la première, les cieux pour la seconde, et la terre avec les planètes et les comètes pour la troisième ; c'est pourquoi nous avons grande raison de penser que le soleil et les étoiles fixes n'ont point d'autre forme que celle du premier élément toute pure ; les cieux, celle du second ; et la terre, avec les planètes et les comètes, celle du troisième.

Je joins les planètes et les comètes avec la terre ; car, voyant qu'elles résistent comme elle à la lumière, et qu'elles font réfléchir ses rayons, je n'y trouve point de différence. Je joins aussi le soleil avec les étoiles fixes, et leur attribue une nature toute contraire à celle de la terre ; car la seule action de leur lumière me fait assez connaître que leurs corps sont d'une matière fort subtile et fort agitée.

Pour les cieux, d'autant qu'ils ne peuvent être aperçus par nos sens, je pense avoir raison de leur attribuer une nature moyenne, entre celle des corps lumineux dont nous sentons l'action, et celle des corps durs et pesants dont nous sentons la résistance.

Enfin, nous n'apercevons point de corps mêlés en aucun autre lieu que sur la superficie de la terre ; et si nous considérons que tout l'espace qui les contient, savoir tout celui qui est depuis les nuées les plus hautes jusqu'aux fosses les plus profondes que l'avarice des hommes ait jamais creusées pour en tirer les métaux, est extrêmement petit à comparaison de la terre et des immenses étendues du ciel, nous pourrons facilement nous imaginer que ces corps mêlés ne sont tous ensemble que comme une écorce qui est engendrée au-dessus de la terre par l'agitation et le mélange de la matière du ciel qui l'environne.

Et ainsi nous aurons occasion de penser que ce n'est pas seulement dans l'air que nous respirons, mais aussi dans tous les autres corps composés, jusqu'aux pierres les plus dures et aux métaux les plus pesants, qu'il y a des parties de l'élément de l'air mêlées avec celles de la terre, et par conséquent aussi des parties de l'élément du feu, parce qu'il s'en trouve toujours dans les pores de celui de l'air.

Mais il faut remarquer qu'encore qu'il y ait des parties de ces trois éléments mêlées l'une avec l'autre en tous ces corps, il n'y a toutefois, à proprement parler, que celles qui, à cause de leur grosseur ou de la difficulté qu'elles ont à se mouvoir, peuvent être rapportées au troisième, qui composent tous ceux que nous voyons autour de nous : car les parties des deux autres éléments sont si subtiles, qu'elles ne peuvent être aperçues par nos sens ; et l'on peut se représenter tous ces corps ainsi que des éponges, dans lesquelles, encore qu'il y ait quantité de pores ou petits trous qui sont toujours pleins d'air ou d'eau, ou de quelque autre semblable liqueur, on ne juge pas toutefois que ces liqueurs entrent en la composition de *l'*éponge.

Il me reste ici encore beaucoup d'autres choses à expliquer, et je serais même bien aise d'y ajouter quelques raisons pour rendre mes opinions plus vraisemblables ; mais, afin que la longueur de ce discours vous soit moins ennuyeuse, j'en veux envelopper une partie dans l'invention d'une fable, au travers de laquelle j'espère que la vérité ne laissera pas de paraître suffisamment, et qu'elle ne sera pas moins agréable à voir que si je l'exposais toute nue.

Chapitre VI

DESCRIPTION D'UN NOUVEAU MONDE, ET DES QUALITÉS DE LA MATIÈRE DONT IL EST COMPOSÉ.

Permettez donc pour un peu de temps à votre pensée de sortir hors de ce monde, pour en venir voir un autre tout nouveau que je ferai naître en sa présence dans les espaces imaginaires. Les philosophes nous disent que ces espaces sont infinis ; et ils doivent bien en être crus, puisque ce sont eux-mêmes qui les ont faits : mais, afin que cette infinité ne nous empêche et ne nous embarrasse point, ne tâchons pas d'aller jusqu'au bout ; entrons-y seulement si avant que nous puissions perdre de vue toutes les créatures que Dieu fit il y a cinq ou six mille ans, et, après nous être arrêtés là en quelque lieu déterminé, supposons que Dieu crée de nouveau tout autour de nous tant de matière que, de quelque côté que notre imagination se puisse étendre, elle n'y aperçoive plus aucun lieu qui soit vide.

Bien que la mer ne soit pas infinie, ceux qui sont au milieu sur quelque vaisseau peuvent étendre leur vue, ce semble, à l'infini, et toutefois il y a encore de l'eau au-delà de ce qu'ils voient ; ainsi, encore que notre imagination semble se pouvoir étendre à l'infini, et que cette nouvelle matière ne soit pas supposée être infinie, nous pouvons bien toutefois supposer qu'elle remplit des espaces beaucoup plus grands que tous ceux que nous aurons imaginé ; et même, afin qu'il n'y ait rien en tout ceci où vous puissiez trouver à redire, ne permettons pas à notre imagination de s'étendre si loin qu'elle pourrait, mais retenons-la tout à dessein dans un espace déterminé, qui ne soit pas plus grand, par exemple, que la distance qui est depuis la terre jusqu'aux principales étoiles du firmament ; et supposons que la matière que Dieu aura créée s'étend bien loin au-delà de tous côtés jusqu'à une distance indéfinie ; car il y a bien plus d'apparence, et nous avons bien mieux le pouvoir de prescrire des bornes à l'action de notre pensée, que non pas aux œuvres de Dieu.

Or, puisque nous prenons la liberté de feindre cette matière à notre fantaisie, attribuons-lui, s'il vous plaît, une nature en laquelle il n'y ait rien du tout que chacun ne puisse connaître aussi parfaitement qu'il est possible ; et, pour cet effet, supposons expressément qu'elle n'a point la forme de la terre, ni du feu, ni de l'air, ni aucune autre plus particulière, comme du bois, d'une pierre, ou d'un métal ; non plus que les qualités d'être chaude ou froide, sèche ou humide, légère ou pesante ; ou d'avoir quelque goût, ou odeur, ou son, ou couleur, ou lumière, ou autre semblable, en la nature de laquelle on puisse dire qu'il y ait quelque chose qui ne soit pas évidemment connu de tout le monde.

Et ne pensons pas aussi, d'autre côté, qu'elle soit cette matière première des philosophes qu'on a si bien dépouillée de toutes ses formes et qualités, qu'il n'y est rien demeuré de reste qui puisse être clairement entendu ; mais concevons-la comme un vrai corps parfaitement solide, qui remplit également toutes les longueurs, largeurs et profondeurs de ce grand espace au milieu duquel nous avons arrêté notre pensée, en sorte que chacune de ses parties occupe toujours une partie de cet espace tellement proportionnée à sa grandeur, qu'elle n'en saurait remplir une plus grande, ni se resserrer en une moindre, ni souffrir que pendant qu'elle y demeure quelque autre y trouve place.

Ajoutons à cela que cette matière peut être divisée en toutes les parties et selon toutes les figures que nous pouvons imaginer, et que chacune de ses parties est capable de recevoir en soi tous les mouvements que nous pouvons aussi concevoir ; et supposons de plus que Dieu la divise véritablement en plusieurs telles parties, les unes plus grosses, les autres plus petites ; les unes d'une figure, les autres d'une autre, telles qu'il nous plaira de les feindre ; non pas qu'il les sépare pour cela l'une de l'autre, en sorte qu'il y ait quelque vide entre deux, mais pensons que toute la distinction qu'il y met consiste dans la diversité des mouvements qu'il leur donne, faisant que, dès le premier instant qu'elles sont créées, les unes commencent à se mouvoir d'un côté, les autres d'un autre ; les unes plus vite, les autres plus lentement (ou même, si vous voulez, point du tout), et qu'elles continuent par après leur mouvement suivant les lois ordinaires de la nature : car Dieu a si merveilleusement établi ces lois, qu'encore que nous supposions qu'il ne crée rien de plus que ce que j'ai dit, et même qu'il ne mette en ceci aucun ordre ni proportion, mais qu'il en compose un chaos le plus confus et le plus embrouillé que les poètes puissent décrire, elles sont suffisantes pour faire que les parties de ce chaos se démêlent d'elles-mêmes, et se disposent en si bon ordre, qu'elles auront la forme d'un monde très parfait, et dans lequel on pourra voir non seulement de la lumière, mais aussi toutes les autres choses, tant générales que particulières, qui paraissent dans ce vrai monde.

Mais, avant que j'explique ceci plus au long, arrêtez-vous encore un peu à considérer ce chaos, et remarquez qu'il ne contient aucune chose qui ne vous soit si parfaitement connue, que vous ne sauriez pas même feindre de l'ignorer ; car pour les qualités que j'y ai mises, si vous y avez pris garde $_9$ je les ai seulement supposées telles que vous les pouviez imaginer. Et pour la matière dont je l'ai composé, il n'y a rien de plus simple ni de plus facile à connaître dans les créatures inanimées ; et son idée est tellement comprise en toutes celles que notre imagination peut former, qu'il faut nécessairement que vous la conceviez, ou que vous n'imaginiez jamais aucune chose.

Toutefois, parce que les philosophes sont si subtils qu'ils savent trouver des difficultés dans les choses qui semblent extrêmement claires aux autres hommes, et que le souvenir de leur matière première, qu'ils savent être assez malaisée à concevoir, les pourrait divertir de la connaissance de celle dont je parle, il faut que je leur dise en cet endroit que, si je ne me trompe, toute la difficulté qu'ils éprouvent en la leur ne vient que de ce qu'ils la veulent distinguer de sa propre quantité et de son étendue extérieure, c'est-à-dire de la propriété qu'elle a d'occuper de l'espace ; en quoi toutefois je veux bien qu'ils croient avoir raison, car je n'ai pas dessein de m'arrêter à les contredire : mais ils ne doivent pas aussi trouver étrange si je suppose que la quantité de la matière que j'ai décrite ne diffère non plus de sa substance que le nombre fait des choses nombrées, et si je conçois son étendue, ou la propriété qu'elle a d'occuper de l'espace, non point comme un accident, mais comme sa vraie forme et son essence ; car ils ne sauraient nier qu'elle ne soit très facile à concevoir en cette sorte. Et mon dessein n'est pas d'expliquer comme eux les choses qui sont en-effet dans le vrai monde ; mais seulement d'en feindre un à plaisir dans lequel il n'y ait rien que les plus grossiers esprits ne soient capables de concevoir, et qui puisse toutefois être créé tout de même que je l'aurai feint.

Si j'y mettais la moindre chose qui fut obscure, il se pourrait faire que parmi cette obscurité il y aurait quelque répugnance cachée dont je ne me serais pas aperçu, et ainsi que, sans y penser, je supposerais une chose impossible ; au lieu que, pouvant distinctement imaginer tout ce que j'y mets, il est certain que, encore qu'il n'y eût rien de tel dans l'ancien monde, Dieu le peut toutefois créer dans un nouveau, car il est certain qu'il peut créer toutes les choses que nous pouvons imaginer.

Chapitre VII

DES LOIS DE LA NATURE DE CE NOUVEAU MONDE.

Mais je ne veux pas différer plus longtemps à vous dire par quel moyen la nature seule pourra démêler la confusion du chaos dont j'ai parlé, et quelles sont les lois que Dieu lui a imposées.

Sachez donc premièrement que, par la nature, je n'entends point ici quelque déesse ou quelque autre sorte de puissance imaginaire, mais que je me sers de ce mot pour signifier la matière même, en tant que je la considère avec toutes les qualités que je lui ai attribuées, comprises toutes ensemble, et sous cette condition que Dieu continue de la conserver en la même façon qu'il l'a créée ; car, de cela seul qu'il continue ainsi de la conserver, il suit de nécessité qu'il doit y avoir plusieurs changements en ses parties, lesquels ne pouvant, ce me semble, être proprement attribués à l'action de Dieu, parce qu'elle ne change point, je les attribue à la nature ; et les règles suivant lesquelles se font ces changements, je les nomme les lois de la nature.

Pour mieux entendre ceci, souvenez-vous qu'entre les qualités de la matière nous avons supposé que ses parties avaient eu divers mouvements dès le commencement qu'elles ont été créées, et outre cela qu'elles s'entretouchaient toutes de tous côtés, sans qu'il y eût aucun vide entre deux ; d'où il suit de nécessité que dès lors, en commençant à se mouvoir, elles ont commencé aussi à changer et diversifier leurs mouvements par la rencontre l'une de l'autre ; et ainsi que si Dieu les conserve par après en la même façon qu'il les a créées, il ne les conserve pas au même état, c'est-à-dire que Dieu agissant toujours de même, et par conséquent produisant toujours le même effet en substance, il se trouve comme par accident plusieurs diversités en cet effet. Et il est facile à croire que Dieu, qui, comme chacun doit savoir, est immuable, agit toujours de même façon. Mais, sans m'engager plus avant dans ces considérations métaphysiques, je mettrai ici deux ou trois des principales règles suivant lesquelles il faut penser que Dieu fait agir la nature de ce nouveau monde, et qui suffiront comme je crois pour vous faire connaître toutes les autres.

La première est que chaque partie de la matière en particulier continue toujours d'être en un même état pendant que la rencontre des autres ne la contraint point de le changer : c'est-à-dire que, si elle a quelque grosseur, elle ne deviendra jamais plus petite, sinon que les autres la divisent ; si elle est ronde ou carrée, elle ne changera jamais cette figure sans que les autres l'y contraignent ; si elle est arrêtée en quelque lieu, elle n'en partira jamais que les autres ne l'en chassent ; et si elle a une fois commencé à se mouvoir, elle continuera toujours avec une égale force jusqu'à ce que les autres l'arrêtent ou la retardent.

Il n'y a personne qui ne croie que cette même règle s'observe dans l'ancien monde, touchant la grosseur, la figure, le repos, et mille autres choses semblables ; mais les philosophes en ont excepté le mouvement, qui est pourtant la chose que je désire le plus expressément y comprendre. Et ne pensez pas pour cela que j'aie dessein de les contredire ; le mouvement dont ils parlent est si fort différent de celui que j'y conçois, qu'il se peut aisément faire que ce qui est vrai de l'un ne le soit pas de l'autre.

Ils avouent eux-mêmes que la nature du leur est fort peu connue ; et, pour la rendre en quelque façon intelligible, ils ne l'ont encore su expliquer plus clairement qu'en ces termes, *motus est actus entis in potentia prout in potentia est,* lesquels sont pour moi si obscurs, que je suis contraint de les laisser ici en leur langue, parce que je ne les saurais interpréter (et en effet ces mots, le mouvement est l'acte d'un être en puissance, en tant qu'il est en puissance, ne sont pas plus clairs pour être français). Mais, au contraire, la nature du mouvement duquel j'entends ici parler est si facile à connaître, que les géomètres mêmes, qui, entre tous les hommes, se sont le plus étudiés à concevoir bien distinctement les choses qu'ils ont considérées, l'ont jugée plus simple et plus intelligible que celle de leurs superficies et de leurs lignes, ainsi qu'il paraît en ce qu'ils ont expliqué la ligne par le mouvement d'un point, et la superficie par celui d'une ligne.

Les philosophes supposent aussi plusieurs mouvements qu'ils pensent pouvoir être faits sans qu'aucun corps change de place, comme ceux qu'ils appellent *motus ad formant, motus ad calorem, motus ad quantitatem* (mouvement à la forme, mouvement à la chaleur, mouvement à la quantité), et mille autres ; et moi je n'en connais aucun plus aisé à concevoir que les lignes des géomètres, qui fait que les corps passent d'un lieu en un autre, et occupent successivement tous les espaces qui sont entre deux.

Outre cela, ils attribuent au moindre de ces mouvements un être beaucoup plus solide et plus véritable qu'ils ne font au repos, lequel ils disent n'en être que la privation ; et moi je conçois que le repos est aussi bien une qualité qui doit être attribuée à la matière pendant qu'elle demeure en une place, comme le mouvement en est une qui lui est attribuée pendant qu'elle en change.

Enfin, le mouvement dont ils parlent est d'une nature si étrange, qu'au lieu que toutes les autres choses ont pour fin leur perfection, et ne tâchent qu'à se conserver, il n'a point d'autre fin ni d'autre but que le repos, et, contre toutes les lois de la nature, il tâche soi-même à se détruire ; mais, au contraire, celui que je suppose suit les mêmes lois de la nature que font généralement toutes les dispositions et toutes les qualités qui se trouvent en la matière, aussi bien celles que les doctes appellent *modos et entia rationis cum fundamento in re* (des modes et des êtres de raison avec fondement dans la chose), comme *qualitates reales* (leurs qualités réelles), dans lesquelles je confesse ingénument ne trouver pas plus de réalité que dans les autres.

Je suppose, pour seconde réglé, que, quand un corps en pousse un autre, il ne saurait lui donner aucun mouvement qu'il n'en perde en même temps autant du sien, ni lui en ôter que le sien ne s'augmente d'autant. Cette règle, jointe avec la précédente, se rapporte fort bien à toutes les expériences dans lesquelles nous voyons qu'un corps commence ou cesse de se mouvoir, parce qu'il est poussé ou arrêté par quelque autre. Car, ayant supposé la précédente, nous sommes exempts de la peine où se trouvent les doctes quand ils veulent rendre raison de ce qu'une pierre continue de se mouvoir quelque temps après être hors de la main de celui qui l'a jetée : car on nous doit plutôt demander pourquoi elle ne continue pas toujours de se mouvoir. Mais la raison est facile à rendre ; car qui est-ce qui peut nier que l'air dans lequel elle se remue ne lui fasse quelque résistance ? On l'entend siffler lorsqu'elle le divise, et si l'on remue dedans un éventail ou quelque autre corps fort léger et fort étendu, on pourra même sentir au poids de la main qu'il en empêche le mouvement, bien loin de le continuer, ainsi que quelques-uns ont voulu dire. Mais si l'on manque d'expliquer l'effet de sa résistance, suivant notre seconde règle, et que l'on pense que plus un corps peut résister, plus il soit capable d'arrêter le mouvement des autres, ainsi que peut-être d'abord on se pourrait persuader, on aura derechef bien de la peine à rendre raison pourquoi le mouvement de cette pierre s'amortit plutôt en rencontrant un corps mou, et dont la résistance est médiocre, qu'il ne fait lorsqu'elle en rencontre un plus dur et qui lui résiste davantage ; comme aussi pourquoi, sitôt qu'elle a fait un peu d'effort contre ce dernier, elle retourne incontinent comme sur ses pas, plutôt que de s'arrêter ni d'interrompre son mouvement pour son sujet. Au lieu que, supposant cette règle, il n'y a point du tout en ceci de difficulté ; car elle nous apprend que le mouvement d'un corps n'est pas retardé par la rencontre d'un autre à proportion de ce que celui-ci lui résiste, mais seulement à proportion de ce que sa résistance en est surmontée, et qu'en lui obéissant il reçoit en soi la force de se mouvoir que l'autre quitte.

Or, encore qu'en la plupart des mouvements que nous voyons dans le vrai monde nous ne puissions pas apercevoir que les corps qui commencent ou cessent de se mouvoir soient poussés ou arrêtés par quelques autres, nous n'avons pas pour cela occasion de juger que ces deux règles n'y soient pas exactement observées : car il est certain que ces corps peuvent souvent recevoir leur agitation des deux éléments de l'air et du feu, qui se trouvent toujours parmi eux sans y pouvoir être sentis, ainsi qu'il a tantôt été dit, ou même de l'air plus grossier, qui ne peut non plus être senti ; et qu'ils peuvent la transférer tantôt à cet air plus grossier, et tantôt à toute la masse de la terre, en laquelle étant dispersée, elle ne peut aussi être aperçue.

Mais encore que tout ce que nos sens ont jamais expérimenté dans le vrai monde semblât manifestement être contraire à ce qui est contenu dans ces deux règles, la raison qui me les a enseignées me semble si forte, que je ne laisserais pas de croire être obligé de les supposer dans le nouveau que je vous décris : car quel fondement plus ferme et plus solide pourrait-on trouver pour établir une vérité, encore qu'on le voulût choisir à souhait, que de prendre la fermeté même et l'immutabilité[369] qui est en Dieu ?

Or est-il que ces deux règles suivent manifestement de cela seul que Dieu est immuable, et qu'agissant toujours en même sorte, il produit toujours le même effet : car, supposant qu'il a mis certaine quantité de mouvement dans toute la matière en général dès le premier instant qu'il l'a créée, il faut avouer qu'il y en conserve toujours autant, ou ne pas croire qu'il agisse toujours en même sorte ; et supposant avec cela que dès ce premier instant les diverses parties de la matière en qui ces mouvements se sont trouvés inégalement dispersés ont commencé à les retenir, ou à les transférer de l'une à l'autre, selon qu'elles en ont pu avoir la force, il faut nécessairement penser qu'il leur fait toujours continuer la même chose ; et c'est ce que contiennent ces deux règles.

J'ajouterai, pour la troisième, que lorsqu'un corps se meut, encore que son mouvement se fasse le plus souvent en ligne courbe, et qu'il ne s'en puisse jamais faire aucun qui ne soit en quelque façon circulaire, ainsi qu'il a été dit ci-dessus, toutefois chacune de ses partie en particulier tend toujours à continuer le sien en ligne droite. Et ainsi leur action, c'est-à-dire l'inclination qu'elles ont à se mouvoir, est différente de leur mouvement.

Par exemple, si l'on fait tourner une roue sur son essieu, encore que toutes ses parties aillent, en rond, parce que, étant jointes l'une à l'autre, elles ne sauraient aller autrement, toutefois leur inclination est d'aller droit, ainsi qu'il paraît clairement si par hasard quelqu'une se détache des autres ; car aussitôt qu'elle est en liberté, son mouvement cesse d'être circulaire, et se continue en ligne droite.

De même, quand on fait tourner une pierre dans une fronde, non seulement elle va tout droit aussitôt qu'elle en est sortie, mais de plus, pendant tout le temps qu'elle y est, elle presse le milieu de la fronde et fait tendre la corde ; montrant évidemment par là qu'elle a toujours inclination d'aller en droite ligne, et qu'elle ne va en rond que par contrainte.

Cette règle est appuyée sur le même fondement que les deux autres, et ne dépend que de ce que Dieu conserve chaque chose par une action continue, et par conséquent qu'il ne la conserve point telle qu'elle peut avoir été quelque temps auparavant, mais précisément telle qu'elle est au même instant qu'il la conserve. Or est-il que de tous les mouvements il n'y a que le droit qui soit entièrement simple, et dont toute la nature soit comprise en un instant : car, pour le concevoir, il suffit de penser qu'un corps est en action pour se mouvoir vers un certain côté, ce qui se trouve en chacun des instants qui peuvent être déterminés pendant le temps qu'il se meut : au lieu que, pour concevoir le mouvement circulaire, ou quelque autre que ce puisse être, il faut au moins considérer deux de ces instants, ou plutôt deux de ses parties, et le rapport qui est entre elles ; mais, afin que *les* philosophes, ou plutôt les sophistes, ne prennent pas ici occasion d'exercer leurs subtilités superflues, remarquez que je ne dis pas pour cela que le mouvement droit se puisse faire en un instant, mais seulement que tout ce qui est requis pour le produire se trouve dans les corps en chaque instant qui puisse être déterminé pendant qu'ils se meuvent, et non pas tout ce qui est requis pour produire le circulaire.

Comme, par exemple, si une pierre se meut dans une fronde suivant le cercle marqué A B, et que vous la considériez précisément telle qu'elle est à l'instant qu'elle arrive au point A, vous trouvez bien qu'elle est en action pour se mouvoir, car elle ne s'y arrête pas, et pour se mouvoir vers un certain côté, à savoir vers C, car c'est vers là que son action est déterminée en cet instant ; mais vous n'y sauriez rien trouver qui fasse que son mouvement soit circulaire. Si bien que supposant qu'elle commence pour lors à sortir de la fronde, et que Dieu continue de la conserver telle qu'elle est en ce moment, il est certain qu'il ne la conservera point avec l'inclination d'aller circulairement suivant la ligne AB, mais avec celle d'aller tout droit vers le point C.

Donc, suivant cette règle, il faut dire que Dieu seul est l'auteur de tous les mouvements qui sont au monde, en tant qu'ils sont, et en tant qu'ils sont droits ; mais que ce sont les diverses dispositions de la matière qui les rendent irréguliers et courbés, ainsi que les théologiens nous apprennent que Dieu est aussi l'auteur de toutes nos actions, en tant qu'elles sont, et en tant qu'elles ont quelque bonté ; mais que ce sont les diverses dispositions de nos volontés qui les peuvent rendre vicieuses.

Je pourrais mettre encore ici plusieurs règles, pour déterminer en particulier quand et comment et de combien le mouvement de chaque corps peut être détourné, et augmenté ou diminué par la Rencontre des autres, ce qui comprend sommairement tous les effets de la nature ; mais je me contesterai de vous avertir qu'outre les trois lois que j'ai expliquées, je n'en veux point supposer d'autres que celles qui suivent infailliblement de ces vérités éternelles sur lesquelles les mathématiciens ont accoutumé d'appuyer leurs plus certaines et plus évidentes démonstrations ; ces vérités, dis-je, suivant lesquelles Dieu même nous a enseigné qu'il avait disposé toutes choses en nombre, en poids et en mesure, et dont la connaissance est si naturelle à nos âmes que nous ne saurions ne les pas juger infaillibles lorsque nous les concevons distinctement, ni douter que si Dieu avait créé plusieurs mondes, elles ne fussent en tous aussi véritables qu'en celui-ci. De sorte que ceux qui sauront suffisamment examiner les conséquences de ces vérités et de nos règles pourront connaître les effets par leurs causes, et, pour m'expliquer en termes de l'école, pourront avoir des démonstrations *a priori* de tout ce qui peut être produit en ce nouveau monde.

Et, afin qu'il n'y ait point d'exception qui en empêche, nous ajouterons, s'il vous plaît, à nos suppositions, que Dieu n'y fera jamais aucun miracle, et que les intelligences, ou les âmes raisonnables que nous y pourrons supposer ci-après, n'y troubleront en aucune façon le cours ordinaire de la nature. Ensuite de quoi néanmoins je ne vous promets pas de mettre ici des démonstrations exactes de toutes les choses que je dirai ; ce sera assez que je vous ouvre le chemin par lequel vous les pourrez trouver de vous-même quand vous prendrez la peine de les chercher. La plupart des esprits se dégoûtent lorsqu'on leur rend les choses trop faciles. Et pour faire ici un tableau qui vous agrée, il est besoin que j'y emploie de l'ombre aussi bien que des couleurs. Si bien que je me contenterai de poursuivre la description que j'ai commencée, comme n'ayant autre dessein que de vous raconter une fable.

Chapitre VIII

DE LA FORMATION DU SOLEIL ET DES ÉTOILES DE CE NOUVEAU
MONDE.

Quelque inégalité et confusion que nous puissions supposer que Dieu ait
mise au commencement entre les parties de la matière, il faut, suivant les
lois qu'il a composées à la nature, que par après elles se soient réduites
presque toutes à une grosseur et à un mouvement médiocre, et ainsi qu'elles
aient pris la forme du second élément, telle que je l'ai ci-dessus expliquée.
Car, pour considérer cette matière en l'état qu'elle aurait pu être avant que
Dieu eût commencé de la mouvoir, on la doit imaginer comme le corps le
plus dur et le plus solide qui soit au monde. Et comme on ne saurait pousser
aucune partie d'un tel corps sans pousser aussi ou tirer par même moyen
toutes les autres, ainsi faut-il penser que l'action ou la force de se mouvoir et
de se diviser qui aura été mise d'abord en quelques-unes de ses parties, s'est
épandue et distribuée en toutes les autres au même instant aussi également
qu'il se pouvait.

Il est vrai que cette égalité n'a pu totalement être parfaite : car,
premièrement, à cause qu'il n'y a point du tout de vide en ce monde, il a été
impossible que toutes les parties de la matière se soient mues en ligne
droite ; mais étant égales à peu près, et pouvant presque aussi facilement être
détournées les unes que les autres, elles ont dû s'accorder toutes ensemble à
quelques mouvements circulaires. Et toutefois, à cause que nous supposons
que Dieu les a mues d'abord diversement, nous ne devons pas penser
qu'elles se soient toutes accordées à tourner autour d'un seul centre, mais
autour de plusieurs différents, et que nous pouvons imaginer diversement
situés les uns à l'égard des autres.

Ensuite de quoi l'on peut conclure qu'elles ont dû naturellement être
moins agitées ou plus petites, ou l'un et l'autre ensemble, vers les lieux les
plus proches de ces centres que vers les plus éloignés ; car, avant toutes
inclination à continuer leur mouvement en ligne droite, il est certain que ce
sont les plus fortes, c'est-à-dire les plus grosses entre celles qui étaient
également agitées, et les plus agitées entre celles qui étaient également
grosses, qui ont dû décrire les plus grands cercles, comme étant les plus
approchants de la ligne droite. Et pour la matière contenue entre trois ou
plusieurs de ces cercles, elle a pu d'abord se trouver beaucoup moins divisée
et moins agitée que toute l'autre ; et, qui plus est, d'autant que nous
supposons que Dieu a mis au commencement toute sorte d'inégalité entre
les parties de cette matière, nous devons penser qu'il y en a eu pour lors de
toutes sortes de grosseurs et figures, et de disposées à se mouvoir ou ne se

mouvoir pas en toutes façons et en tous sens.

Mais cela n'empêche pas que par après elles ne se soient rendues presque toutes assez égales, principalement celles qui sont demeurées à pareille distance des centres autour desquels elles tournoyaient : car, ne se pouvant mouvoir les unes sans les autres, il a fallu que les plus agitées communiquassent de leur mouvement à celles qui l'étaient moins, et que les plus grosses se rompissent et se divisassent, afin de pouvoir passer par les mêmes lieux que celles qui les précédaient, ou bien qu'elles montassent plus haut ; et ainsi elles se sont arrangées en peu de temps toutes par ordre, en telle sorte que chacune s'est trouvée plus ou moins éloignée du centre autour duquel elle a pris son cours, selon qu'elle a été plus ou moins grosse et agitée à comparaison des autres ; et même, d'autant que la grosseur répugne toujours à la vitesse du mouvement, on doit penser que les plus éloignées de chaque centre ont été celles qui, étant un peu plus petites que les plus proches, ont été avec cela de beaucoup plus agitées.

Tout de même pour leurs figures, encore que nous supposions qu'il y en ait eu au commencement de toutes sortes, et qu'elles aient eu pour la plupart plusieurs angles et plusieurs côtés, ainsi que les pièces qui s'éclatent d'une pierre quand on la rompt, il est certain que par après, en se remuant et se heurtant les unes contre les autres, elles ont dû rompre peu à peu les petites pointes de leurs angles, et émousser les carrés de leurs côtés jusqu'à ce qu'elles se soient rendues à peu près toutes rondes, ainsi que font les grains de sable et les cailloux lorsqu'ils roulent avec l'eau d'une rivière ; si bien qu'il ne peut y avoir maintenant aucune notable différence entre celles qui sont assez voisines, ni même aussi entre celles qui sont fort éloignées, sinon en ce qu'elles peuvent se mouvoir un peu plus vite et être un peu plus petites ou plus grosses l'une que l'autre ; et ceci n'empêche pas qu'on ne leur puisse attribuer à toutes la même forme.

Seulement en faut-il excepter quelques-unes qui, ayant été dès le commencement beaucoup plus grosses que les autres, n'ont pu si facilement se diviser, ou qui, ayant eu des figures fort irrégulières et empêchantes, se sont plutôt jointes plusieurs ensemble que de se rompre pour s'arrondir ; et ainsi elles ont retenu la forme du troisième élément, et ont servi à composer les planètes et les comètes, comme je vous dirai ci-après.

De plus, il est besoin de remarquer que la matière qui est sortie d'autour des parties du second élément, à mesure qu'elles ont rompu et émoussé les petites pointes de leurs angles pour s'arrondir, a dû nécessairement acquérir un mouvement beaucoup plus vite que le leur, et ensemble une facilité à se diviser et à changer à tous moments de figure pour s'accommoder à celle des lieux où elle se trouvait, et ainsi qu'elle a pris la forme du premier élément.

Je dis qu'elle a dû acquérir un mouvement beaucoup plus vite que le leur ; et la raison en est évidente : car, devant sortir de côté et par des passages fort étroits, hors des petits espaces qui étaient entre elles, à mesure qu'elles s'allaient rencontrer de front l'une l'autre, elle avait beaucoup plus de chemin qu'elles à faire en même temps.

Il est aussi besoin de remarquer que ce qui se trouve de ce premier élément de plus qu'il n'en faut pour remplir les petits intervalles que les parties du second, qui sont rondes, laissent nécessairement autour d'elles, se doit retirer vers les centres autour desquels elles tournent, à cause qu'elles occupent tous les autres lieux plus éloignés, et que là il doit composer des corps ronds, parfaitement liquides et subtils, lesquels, tournant sans cesse beaucoup plus vite et en même sens que les parties du second élément qui les environne, ont la force d'augmenter l'agitation de celles dont ils sont les plus proches, et même de les pousser toutes de tous côtés, en tirant du centre vers la circonférence, ainsi qu'elles Se poussent aussi les unes les autres, et ce par une action qu'il faudra tantôt que j'explique le plus exactement que je pourrai ; car je vous avertis ici par avance que c'est cette action que nous prendrons pour la lumière, comme aussi que nous prendrons ces corps ronds composés de la matière du premier élément toute pure, l'un pour le soleil et les autres pour les étoiles fixes du nouveau monde que je vous décris, et la matière du second élément, qui tourne autour d'eux, pour les cieux.

Imaginez-vous, par exemple, que les points S, E, ε, A, sont les centres dont je vous parle, et que toute la matière comprise en l'espace FGGF est un ciel qui tourne autour du soleil marqué S, et que toute celle de l'espace HGGH en est un autre qui tourne autour de l'étoile marquée e, et ainsi des autres ; en sorte qu'il y 3 autant de divers cieux comme il y a d'étoiles, et comme leur nombre est indéfini, celui des cieux l'est de même ; et que le firmament n'est autre chose que la superficie sans épaisseur qui sépare tous ces cieux les uns des autres.

Pensez aussi que les parties du second élément qui sont vers F ou vers G sont plus agitées que celles qui sont vers K ou vers L ; en sorte que leur vitesse diminue peu à peu, depuis la circonférence extérieure de chaque ciel jusqu'à un certain endroit, comme, par exemple, jusqu'à la sphère KK autour du soleil, et jusqu'à la sphère LL autour de l'étoile e ; puis qu'elle augmente de là peu à peu jusqu'aux centres de ces cieux, à cause de l'agitation des astres qui s'y trouvent. En sorte que pendant que les parties du second élément qui sont vers R ont le loisir d'y décrire un cercle entier autour du soleil, celles qui sont vers que je suppose en être dix fois plus proches, n'ont pas seulement le loisir d'y en décrire dix, ainsi qu'elles feraient si elles ne se mouvaient qu'également vite, mais peut-être plus de trente. Et derechef, celles qui sont vers F ou vers G, que je suppose en être deux ou trois mille fois plus éloignées, en peuvent peut-être décrire plus de soixante. D'où vous pourrez entendre tantôt que les planètes qui sont les plus hautes se doivent mouvoir plus lentement que celles qui sont plus basses ou plus proches du soleil, et tout ensemble plus lentement que les comètes, qui en sont toutefois, plus éloignées.

Pour la grosseur de chacune des parties du second élément, on peut penser qu'elle est égale en toutes celles qui sont depuis la circonférence extérieure du ciel FGGF jusqu'au cercle KK, ou même que les plus hautes d'entre elles sont quelque peu plus petites que les plus basses, pourvu qu'on ne suppose point la différence de leur grosseur plus grande à proportion que celle de leur vitesse ; mais il faut penser, au contraire, que depuis le cercle K jusqu'au soleil, ce sont les plus basses qui sont les plus petites, et même que la différence de leur grosseur est plus grande, ou du moins aussi grande à proportion, que celle de leur vitesse : car autrement ces plus basses étant les plus fortes, à cause de leur agitation, elles iraient occuper la place des plus hautes.

Enfin, remarquez que, vu la façon dont j'ai dit que le soleil et les autres étoiles fixes se formaient, leurs corps peuvent être si petits à l'égard des cieux qui les contiennent, que même tous les cercles KR, LL, et semblables, qui marquent jusqu'où leur agitation fait avancer le cours de la matière du second élément, ne seront considérables, à comparaison de ces cieux, que comme des points qui marquent leur centre, ainsi que les nouveaux astronomes ne considèrent presque que comme un point toute la sphère de Saturne à comparaison du firmament.

Chapitre IX

DE l'ORIGINE DU COURS DES PLANÈTES ET DES COMÈTES EN
GÉNÉRAL, ET EN PARTICULIER DES COMÈTES.

Or, afin que je commence à vous parler des planètes et des comètes, considérez que, vu la diversité des parties de la matière que j'ai supposée, bien que la plupart d'entre elles, en se froissant et divisant par la rencontre l'une de l'autre, aient pris la forme du premier ou du second élément, il ne laisse pas néanmoins de s'en être encore trouvé de deux sortes, qui ont dû retenir la forme du troisième ; savoir celles dont les figures ont été si étendues et si empêchantes, que, lorsqu'elles se sont rencontrées l'une l'autre, il leur a été plus aisé de se joindre plusieurs ensemble, et par ce moyen de devenir grosses, que de se rompre et s'amoindrir ; et celles qui ayant été dès le commencement les plus grosses et les plus massives de toutes, ont bien pu rompre et froisser les autres en les heurtant, mais non pas réciproquement en être brisées et froissées.

Or, soit que vous vous imaginiez que ces deux sortes de parties aient été d'abord fort agitées, ou même fort peu ou point du tout, il est certain que par après elles ont dû se mouvoir de même branle que la matière du ciel qui les contenait ; car si d'abord elles se sont mues plus vite que cette matière, n'ayant pu manquer de la pousser en la rencontrant en leur chemin, elles ont dû en peu de temps lui transférer une partie de leur agitation ; et si au contraire elles n'ont eu en elles-mêmes aucune inclination à se mouvoir, néanmoins, étant environnées de toutes parts de cette matière du ciel, elles ont dû nécessairement suivre son cours ; ainsi que nous voyons tous les jours que les bateaux et les autres divers corps qui flottent dans l'eau, aussi bien les plus grands et les plus massifs que ceux qui le sont moins, suivent le cours de l'eau dans laquelle ils sont, quand il n'y a rien d'ailleurs qui les en empêche.

Et remarquez que, entre les divers corps qui flottent ainsi dans l'eau, ceux qui sont assez durs et assez massifs, comme sont ordinairement les bateaux, principalement les plus grands et les plus chargés, ont toujours beaucoup plus de force qu'elle à continuer leur mouvement, encore même que ce soit d'elle seule qu'ils l'aient reçue ; et qu'au contraire ceux qui sont fort légers, tels que peuvent être ces amas d'écume blanche qu'on voit flotter le long des rivages en temps de tempête, en ont moins. En sorte que si vous vous imaginez deux rivières qui se joignent en quelque endroit l'une à l'autre, et qui se séparent derechef un peu après, avant que leurs eaux, qu'il faut supposer fort calmes et d'une force assez égale, mais avec cela fort rapides, aient le loisir de se mêler, les bateaux ou autres corps assez massifs et pesants qui seront emportés par le cours de l'une pourront facilement passer en l'autre, au lieu que les plus légers s'en éloigneront, et seront rejetés par la force de cette eau vers les lieux où elle est le moins rapide.

Par exemple, si ces deux rivières sont ABF et CDG, qui, venant de deux côtés différents, se rencontrent vers E, puis de là se détournent, AB vers F, et CD vers G, il est certain que le bateau H, suivant le cours de la rivière AB, doit passer par E vers G, et réciproquement le bateau I vers F, si ce n'est qu'ils se rencontrent tous deux au passage en même temps, auquel cas le plus grand et le plus fort brisera l'autre ; et qu'au contraire l'écume, les feuilles d'arbres et les plumes, les fétus, et autres tels corps fort légers qui peuvent flotter vers A, doivent être poussés par le cours de l'eau qui les contient, non pas vers E et vers G, mais vers B, où il faut penser que l'eau est moins forte et moins rapide que vers E, puisqu'elle y prend son cours suivant une ligne qui est moins approchante de la droite.

Et de plus il faut considérer que non seulement ces corps légers, mais aussi que d'autres plus pesants et plus massifs, se peuvent joindre en se rencontrant, et que, tournoyant alors avec l'eau qui les entraîne, ils peuvent, plusieurs ensemble, composer de grosses boules, telles que vous voyez K et L, dont les unes, comme L, vont vers E, et les autres, comme K, vont vers B, selon que chacune est plus ou moins solide, et composée de parties plus ou moins grosses et massives.

A l'exemple de quoi il est aisé de comprendre qu'en quelque endroit que se soient trouvées au commencement les parties de la matière qui ne pouvaient prendre la forme du second élément ni du premier, toutes les plus grosses et plus massives d'entre elles ont dû en peu de temps prendre leur cours vers la circonférence extérieure des cieux qui les contenaient, et passer après continuellement des uns de ces cieux dans les autres, sans s'arrêter jamais beaucoup de temps de suite dans le même ciel : et qu'au contraire toutes les moins massives ont dû être poussées chacune vers le centre du ciel qui les contenait, par le cours de la matière de ce ciel ; et que, vu les figures que je leur ai attribuées, elles ont dû, en se rencontrant l'une l'autre, se joindre plusieurs ensemble, et composer de grosses boules, qui, tournoyant dans les cieux, y ont un mouvement tempéré de tous ceux que pourraient avoir leurs parties étant séparées, en sorte que les unes se vont rendre vers les circonférences de ces cieux, et les autres vers leurs centres.

Et sachez que ce sont celles qui se vont ainsi ranger vers le centre de quelque ciel, que nous devons prendre ici pour les planètes, et celles qui passent au travers de divers cieux, que nous devons prendre pour des comètes.

Or, premièrement, touchant ces comètes, il faut remarquer qu'il y en doit avoir peu en ce nouveau monde, à comparaison du nombre des cieux ; car, quand bien même il y en aurait eu beaucoup au commencement, elles auraient dû, par succession de temps, en passant au travers des divers cieux, se heurter et se briser presque toutes les unes les autres, ainsi que j'ai dit que font deux bateaux quand ils se rencontrent, en sorte qu'il n'y pourrait maintenant rester que les plus grosses.

Il faut aussi remarquer que lorsqu'elles passent ainsi d'un ciel dans un autre, elles poussent toujours devant soi quelque peu de la matière de celui d'où elles sortent, et en demeurent quelque temps enveloppées, jusqu'à ce qu'elles soient entrées assez avant dans les limites de l'autre ciel ; où étant, elles s'en dégagent enfin comme tout d'un coup ; et sans y employer peut-être plus de temps que fait le soleil à se lever le matin sur notre horizon : en sorte qu'elles se meuvent beaucoup plus lentement lorsqu'elles tendent ainsi à sortir de quelque ciel, qu'elles ne font un peu après y être entrées.

Comme vous voyez ici que la comète qui prend son cours suivant la ligne CDQR, étant déjà entrée assez avant dans les limites du ciel F G lorsqu'elle est au point C, demeure néanmoins encore enveloppée de la matière du ciel FI, d'où elle vient, et n'en peut être entièrement délivrée avant qu'elle soit environ le point D ; mais sitôt qu'elle y est parvenue, elle commence à suivre le cours du ciel FG, et ainsi à se mouvoir beaucoup plus vite qu'elle ne faisait auparavant. Puis, continuant son cours de là vers R, son mouvement doit se retarder derechef peu à peu, à mesure qu'elle approche du point Q ; tant à cause de la résistance du ciel FGH, dans les limites duquel elle commence à entrer, qu'à cause qu'y ayant moins de distance entre S et D qu'entre S et Q, toute la matière du ciel qui est entre S et D, où la distance est moindre, s'y meut plus vite ; ainsi que nous voyons que les rivières coulent toujours plus promptement aux lieux où leur lit est plus étroit et resserré, qu'en ceux où il est plus large et étendu.

De plus, il faut remarquer que cette comète ne doit paraître à ceux qui habitent vers le centre du ciel FG que pendant le temps qu'elle emploie à passer depuis D jusqu'à Q, ainsi que vous entendrez tantôt plus clairement, lorsque je vous aurai dit ce que c'est que la lumière ; et par même moyen vous connaîtrez que son mouvement leur doit paraître beaucoup plus vite, et son corps beaucoup plus grand, et sa lumière beaucoup plus claire, au commencement du temps qu'ils la voient, que vers la fin.

Et outre cela, si vous considérez un peu curieusement en quelle sorte la lumière qui peut venir d'elle se doit répandre et distribuer de tous côtés dans le ciel, vous pourrez bien aussi entendre qu'étant fort grosse, comme nous la devons supposer, il peut paraître certains rayons autour d'elle, qui s'y étendent quelquefois en formelle chevelure de tous côtés, et quelquefois se ramassent en forme de queue d'un seul côté, selon les divers endroits où se trouvent les yeux qui la regardent ; en sorte qu'il ne manque à cette comète pas une de toutes les particularités qui ont été observées jusqu'ici en celles qu'on a vues dans le vrai monde, du moins de celles qui doivent être tenues pour véritables ; car si quelques historiens, pour faire un prodige qui menace le croissant des Turcs, nous racontent qu'en l'an 1450 la lune a été éclipsée par une comète qui passait au-dessous, ou chose semblable ; et si les astronomes, calculant mal la quantité des réfractions des cieux, laquelle ils ignorent, et la vitesse du mouvement des comètes, qui est incertaine, leur attribuent assez de parallaxe pour être placées auprès des planètes, ou même au-dessous, où quelques-uns les veulent tirer comme par force, nous ne sommes pas obligés de les croire.

Chapitre X

DES PLANÈTES EN GÉNÉRAL ET EN PARTICULIER DE LA TERRE
ET DE LA LUNE.

Il y a tout de même, touchant les planètes, plusieurs choses à remarquer :
dont la première est, qu'encore qu'elles tendent toutes vers les centres des
cieux qui les contiennent, ce n'est pas à dire pour cela qu'elles puissent
jamais parvenir jusqu'au-dedans de ces centres ; car, comme j'ai déjà dit ci-
devant, c'est le soleil et les autres étoiles fixes qui les occupent. Mais, afin
que je vous fasse entendre distinctement en quels endroits elles doivent
s'arrêter, voyez, par exemple, celle qui est marquée η, que je suppose suivre
le cours de la matière du ciel qui est vers le cercle R ; et considérez que si
cette planète avait tant soit peu plus de force à continuer son mouvement en
ligne droite que n'ont les parties du second élément qui l'environnent, au
lieu de suivre toujours ce cercle R, elle irait vers Y, et ainsi elle s'éloignerait
plus qu'elle n'est du centre S. Puis, d'autant que les parties du second
élément qui l'environneraient vers Y se meuvent plus vite, et même sont un
peu plus petites, ou du moins ne sont point plus grosses que celles qui sont
vers R, elles lui donneraient encore plus de force pour passer outre vers F,
en sorte qu'elle irait jusqu'à la circonférence de ce ciel, sans se pouvoir
arrêter en aucune place qui soit entre deux ; puis de là elle passerait
facilement dans un autre ciel : et ainsi, au lieu d'être une planète, elle
deviendrait une comète.

D'où vous voyez qu'il ne se peut arrêter aucun astre en tout ce vaste
espace qui est depuis le cercle R jusqu'à la circonférence du ciel FGGF, par
où les comètes prennent leur cours ; et outre cela qu'il faut de nécessité que
les planètes n'aient point plus de force à continuer leur mouvement en ligne
droite que les parties du second élément qui sont vers R lorsqu'elles se
meuvent de même branle avec elles, et que tous les corps qui en ont plus
sont des comètes.

Pensons donc maintenant que cette planète η a moins de force que les
parties du second élément qui l'environnent ; en sorte que celles qui la
suivent, et qui sont placées un peu plus bas qu'elle, puissent la détourner, et
faire qu'au lieu de suivre le cercle K, elle descende vers la planète marquée
y, où étant, il se peut faire qu'elle se trouvera justement aussi forte que les
parties du second élément qui pour lors l'environneront : dont la raison est
que ces parties du second élément étant plus agitées que celles qui sont vers
K, elles l'agiteront aussi davantage, et qu'étant avec cela plus petites, elles
ne lui pourront pas tant résister ; auquel cas elle demeurera justement
balancée au milieu d'elles, et y prendra son cours en même sens qu'elles

font autour du soleil, sans s'éloigner de lui plus ou moins une fois que l'autre, qu'autant qu'elles pourront aussi s'en éloigner.

Mais si cette planète étant vers Ψ a encore moins de force à continuer son mouvement en ligne droite que la matière du ciel qu'elle y trouvera, elle sera poussée par elle encore plus bas vers la planète marquée ♂, et ainsi de suite, jusqu'à ce qu'enfin elle se trouve environnée d'une matière qui n'ait ni plus ni moins de force qu'elle.

Et ainsi vous voyez qu'il peut y avoir diverses planètes, les unes plus et les autres moins éloignées du soleil, telles que sont ici ♫. Ψ. ♂ ; dont les plus basses et moins massives peuvent atteindre jusqu'à sa superficie, mais dont les plus hautes ne passent jamais au-delà du cercle K ; qui, bien que très grand à comparaison de chaque planète en particulier, est néanmoins si extrêmement petit à comparaison de tout le ciel FGGF, que, comme j'ai déjà dit ci-devant, il peut être considéré comme son centre.

Que si je ne vous ai pas encore assez fait entendre la cause qui peut faire que les parties du ciel qui sont au-delà du cercle K, étant incomparablement plus petites que les planètes, ne laissent pas d'avoir plus de force qu'elles à continuer leur mouvement en ligne droite, considérez que cette force ne dépend pas seulement de la quantité de la matière qui est en chaque corps, mais aussi de l'étendue de sa superficie. Car encore que lorsque deux corps se meuvent également vite, il soit vrai de dire que « l'un contient deux fois autant de matière que l'autre, il a aussi deux fois autant d'agitation, ce n'est pas à dire pour cela qu'il ait deux fois autant de force à continuer de se mouvoir en ligne droite ; mais il en aura justement deux fois autant, si avec cela sa superficie est justement deux fois aussi étendue, à cause qu'il rencontrera toujours deux fois autant d'autres corps qui lui feront résistance ; et il en aura beaucoup moins, si sa superficie est étendue beaucoup plus de deux fois.

Or vous savez que les parties du ciel sont à peu près toutes rondes, et ainsi qu'elles ont celle de toutes les figures qui comprend le plus de matière sous une moindre superficie ; et qu'au contraire les planètes étant composées de petites parties qui ont des figures fort irrégulières et étendues, ont beaucoup de superficie à raison de la quantité de leur matière, en sorte qu'elles peuvent en avoir plus que la plupart de ces parties du ciel, et toutefois aussi en avoir moins que quelques-unes des plus petites, et qui sont les plus proches des centres : car il faut savoir qu'entre deux boules toutes massives, telles que sont ces parties du ciel, la plus petite a toujours plus de superficie, à raison de sa quantité, que la plus grosse.

Et l'on peut aisément confirmer tout ceci par l'expérience. Car, poussant une grosse boule composée de plusieurs branches d'arbres confusément jointes et entassées l'une sur l'autre, ainsi qu'il faut imaginer que sont les parties de la matière dont les planètes sont composées, il est certain qu'elle ne pourra pas continuer si loin son mouvement, quand bien même elle serait poussée par une force entièrement proportionnée à sa grosseur, comme serait une autre boule beaucoup plus petite et composée du même bois, mais qui serait toute massive ; il est certain aussi tout au contraire qu'on pourrait faire une autre boule du même bois, et toute massive, mais qui serait si extrêmement petite, qu'elle aurait beaucoup moins de force à continuer son mouvement que la première ; enfin, il est certain que cette première peut avoir plus ou moins de force à continuer son mouvement, selon que les branches qui la composent sont plus ou moins grosses et pressées.

D'où vous voyez comment diverses planètes peuvent être suspendues au dedans du cercle K, à diverses distances du soleil ; et comment ce ne sont pas simplement celles qui paraissent à l'extérieur les plus grosses, mais celles qui en leur intérieur sont les plus solides et les plus massives, qui en doivent être les plus éloignées :

Il faut remarquer après cela que, comme nous expérimentons que les bateaux qui suivent le cours d'une rivière ne se meuvent jamais si vite que l'eau qui les entraîne, ni même les plus grands d'entre eux si vite que les moindres ; ainsi, encore que les planètes suivent le cours de la matière du ciel sans résistance, et se meuvent de même branle avec elle, ce n'est pas à dire pour cela qu'elles se meuvent jamais du tout si vite : et même l'inégalité de leur mouvement doit avoir quelque rapport à celle qui se trouve entre la grosseur de leur masse et la petitesse des parties du ciel qui les environnent. Dont la raison est que, généralement parlant, plus un corps est gros, plus il lui est facile de communiquer une partie de son mouvement aux autres corps, et plus il est difficile aux autres de lui communiquer quelque chose du leur : car encore que plusieurs petits corps, en s'accordant tous, ensemble pour agir contre un plus gros, puissent avoir autant de force que lui, toutefois ils ne le peuvent jamais faire mouvoir si vite en tous sens comme ils se meuvent ; à cause que s'ils s'accordent en quelques-uns de leurs mouvements, lesquels ils lui communiquent, ils diffèrent infailliblement en d'autres en même temps, lesquels ils ne lui peuvent communiquer.

Or il suit de ceci deux choses, qui me semblent fort considérables : la première est que la matière du ciel ne doit pas seulement faire tourner les planètes autour du soleil, mais aussi autour de leur propre centre (excepté lorsqu'il y a quelque cause particulière qui les en empêche), et ensuite qu'elle doit composer de petits cieux autour d'elles qui se meuvent en même sens que le plus grand. Et la seconde est que, s'il se rencontre deux planètes inégales en grosseur, mais disposées à prendre leur cours dans le ciel à une même distance du soleil, en sorte que l'une soit justement d'autant plus massive que l'autre sera plus grosse, la plus petite de ces deux ayant un mouvement plus vite que la plus grosse, devra se joindre au petit ciel qui sera autour de cette plus grosse, et tournoyer continuellement avec lui.

Car, puisque les parties du ciel qui sont par exemple vers A se meuvent plus vite que la planète marquée T, qu'elles poussent vers Z, il est évident qu'elles doivent être détournées par elle, et contraintes de prendre leur cours vers B : je dis vers B plutôt que vers D, car, ayant inclination à continuer leur mouvement en ligne droite, elles doivent plutôt aller vers le dehors du cercle ACZN qu'elles décrivent, que vers le centre S. Or, passant ainsi d'A vers B, elles obligent la planète T de tourner avec elles autour de son centre ; et réciproquement cette planète, en tournant ainsi, leur donne occasion de prendre leur cours de B vers C, puis vers D et vers A, et ainsi de former un ciel particulier autour d'elle, avec lequel elle doit toujours après continuer à se mouvoir de la partie qu'on nomme l'occident vers celle qu'on nomme l'orient, non seulement autour du soleil, mais aussi autour de son propre centre.

De plus, sachant que la planète marquée ε est disposée à prendre son cours suivant le cercle NACZ, aussi bien que celle qui est marquée T, et qu'elle doit se mouvoir plus vite à cause qu'elle est plus petite, il est aisé à entendre qu'en quelque endroit du ciel qu'elle puisse s'être trouvée au commencement, elle a dû en peu de temps s'aller rendre contre la superficie extérieure du petit ciel ABCD, et que, s'y étant une fois jointe, elle doit toujours après suivre son cours autour de T, avec les parties du second élément qui sont vers cette superficie.

Car, puisque nous supposons qu'elle aurait justement autant de force que la matière de ce ciel à tourner suivant le cercle NACZ, si l'autre planète n'y était point, il faut penser qu'elle en a quelque peu plus à tourner suivant le cercle ABCD, à cause qu'il est plus petit, et par conséquent qu'elle s'éloigne toujours le plus qu'il est possible du centre T ; ainsi qu'une pierre étant agitée dans une fronde tend toujours à s'éloigner du centre du cercle qu'elle décrit. Et toutefois cette planète étant vers A, n'ira pas pour cela s'écarter vers L, d'autant qu'elle entrerait en un endroit du ciel dont la matière aurait la force de la repousser vers le cercle NACZ ; et tout de même étant vers C, elle n'ira pas descendre vers K, d'autant qu'elle s'y trouverait environnée d'une matière qui lui donnerait la force de remonter vers ce même cercle NACZ ; elle n'ira pas non plus de B vers Z, ni beaucoup moins de D vers N, d'autant qu'elle n'y pourrait aller si facilement ni si vite que vers C et vers A ; si bien qu'elle doit demeurer comme attachée à la superficie du petit ciel ABCD, et tourner continuellement avec elle autour de T, ce qui empêche qu'il ne se forme un autre petit ciel auteur d'elle qui la fasse tourner derechef autour de son centre.

Je n'ajoute point ici comment il se peut rencontrer un plus grand nombre de planètes jointes ensemble, et qui prennent leur cours l'une autour de l'autre, comme celles que les nouveaux astronomes ont observées autour de Jupiter et de Saturne, car je n'ai pas entrepris de dire tout ; et je n'ai parlé en particulier de ces deux qu'afin de vous représenter, la terre que nous habitons par celle qui est marquée T, et la lune, qui tourne autour d'elle, par celle qui est marquée $\mathbb{C}$.

Chapitre XI

DE LA PESANTEUR.

Mais je désire maintenant que vous considériez quelle est la pesanteur de cette terre, c'est-à-dire la force qui unit toutes ses parties, et qui fait qu'elles tendent toutes vers son centre, chacune plus ou moins, selon qu'elles sont plus ou moins grosses et solides ; laquelle n'est autre et ne consiste qu'en ce que les parties du petit ciel qui l'environne, tournant beaucoup plus vite que les siennes autour de son centre, tendent aussi avec plus de force à s'en éloigner, et par conséquent les y repoussent. En quoi si vous trouvez quelque difficulté sur ce que j'ai tantôt dit que les corps les plus massifs et les plus solides, tels que j'ai supposé ceux des comètes, s'allaient rendre vers les circonférences des cieux, et qu'il n'y avait que ceux qui l'étaient moins qui fussent repoussés vers leurs centres, comme s'il devait suivre de là que ce fussent seulement les parties de la terre les moins solides qui pussent être poussées vers son centre, et que les autres dussent s'en éloigner ; remarquez que, lorsque j'ai dit que les corps les plus solides et les plus massifs tendaient à s'éloigner du centre de quelque ciel, j'ai supposé qu'ils se mouvaient déjà auparavant de même branle que la matière de ce ciel : car il est certain que s'ils n'ont point encore commencé à se mouvoir, ou s'ils se meuvent, pourvu que ce soit moins vite qu'il n'est requis pour suivre le cours de cette matière, ils doivent d'abord être chassés par elle vers le centre autour duquel elle tourne ; et même il est certain que, d'autant qu'ils seront plus gros et plus solides, ils y seront poussés avec plus de force et de vitesse. Et toutefois cela n'empêche pas que, s'ils le sont assez pour composer des comètes, ils ne s'aillent rendre peu après vers les circonférences extérieures des cieux, d'autant que l'agitation qu'ils auront acquise en descendant vers quelqu'un de leurs centres leur donnera infailliblement la force de passer outre, et de remonter vers sa circonférence.

Mais, afin que vous entendiez ceci plus clairement, considérez la terre EFGH avec l'eau 1, 2, 3, 4, et l'air 5, 6, 7, 8, qui, comme je vous dirai ci-après, ne sont composés que de quelques-unes des moins solides de ses parties, et font une même masse avec elle ; puis considérez aussi la matière du ciel, qui remplit non seulement tout l'espace qui est entre les cercles ABCD et 5, 6, 7, 8, mais encore tous les petits intervalles qui sont au-dessous entre les parties de l'air, de l'eau et de la terre, et pensez que ce ciel et cette terre tournant ensemble autour du centre T, toutes leurs parties tendent à s'en éloigner, mais beaucoup plus fort celles du ciel que celles de la terre, à cause qu'elles sont beaucoup plus agitées ; et même aussi entre celles de la terre, les plus agitées vers le même côté que celles du ciel tendent plus à s'en éloigner que les autres. En sorte que si tout l'espace qui est au-delà du cercle ABCD était vide, c'est-à-dire n'était rempli que d'une matière qui ne pût résister aux actions des autres corps, ni produire aucun effet considérable, car c'est ainsi qu'il faut prendre le nom de vide), toutes les parties du ciel qui sont dans le cercle ABCD en sortiraient les premières, puis celles de l'air et de l'eau les suivraient, et enfin aussi celles de la terre, chacune d'autant plus promptement qu'elle se trouverait moins attachée au reste de sa masse, en même façon qu'une pierre sort hors de la fronde en laquelle elle est agitée, sitôt qu'on lui lâche la corde, et que la poussière que l'on jette sur une pirouette pendant qu'elle tourne s'en écarte tout aussitôt de tous côtés.

Puis considérez que n'y ayant point ainsi aucun espace au-delà du cercle ABCD qui soit vide, ni où les parties du ciel contenues au dedans de ce cercle puissent aller, si ce n'est qu'au même instant il en rentre d'autres en leur place qui leur soient toutes semblables, les parties de la terre ne peuvent aussi s'éloigner plus qu'elles ne sont du centre T, si ce n'est qu'il en descende en leur place de celles du ciel ou d'autres terrestres, tout autant qu'il en faut pour la remplir, ni réciproquement s'en approcher qu'il n'en monte tout autant d'autres en leur place ; en sorte qu'elles sont toutes opposées les unes aux autres, chacune à celles qui doivent entrer en leur place, en cas qu'elles montent, et de même à celles qui doivent y entrer en cas qu'elles descendent, ainsi que les deux côtés d'une balance le sont l'un à l'autre : c'est-à-dire que comme l'un des côtés de la balance ne peut se hausser ni se baisser que l'autre ne fasse au même instant tourte contraire, et que toujours le plus pesant emporte l'autre, ainsi la première pierre R, par exemple, est tellement opposée à la quantité d'air, justement égale à sa grosseur, qui est au-dessus d'elle, et dont elle devrait occuper la place en cas qu'elle s'éloignât davantage du centre T, qu'il faudrait nécessairement que cet air descendît à mesure qu'elle monterait ; et même aussi elle est tellement opposée à une autre pareille quantité d'air qui est au-dessous d'elle, et dont elle doit occuper la place en cas qu'elle s'approche de ce centre, qu'il est besoin qu'elle descende lorsque cet air monte.

Or il est évident que cette pierre contenant en soi beaucoup plus de la matière de la terre, et en récompense en contenant d'autant moins de celle du ciel qu'une quantité d'air d'égale étendue, et même ses parties terrestres étant moins agitées par la matière du ciel que celle de cet air, elle ne doit pas avoir la force de monter au-dessus de lui, mais bien lui au contraire doit avoir la force de la faire descendre au-dessous ; en sorte qu'il se trouve léger étant comparé avec elle, au lieu qu'étant comparé avec la matière du ciel toute pure, il est pesant. Et ainsi vous voyez que chaque partie des corps terrestres est pressée vers T, non pas indifféremment par toute la matière qui l'environne, mais seulement par une quantité de cette matière justement égale à sa grosseur, qui, étant au-dessous, peut prendre sa place en cas qu'elle descende ; ce qui est cause qu'entre les parties d'un même corps, qu'on nomme homogène, comme entre celles de l'air ou de l'eau, les plus basses ne sont point notablement plus pressées que les plus hautes, et qu'un homme étant au-dessous d'une eau fort profonde, ne la sent point davantage peser sur son dos que s'il nageait tout au-dessus. Mais s'il vous semble que la matière du ciel, faisant ainsi descendre la pierre R vers T au-dessous de l'air qui l'environne, la doive aussi faire aller vers 6 ou vers 7, c'est-à-dire vers l'occident ou vers l'orient, plus vite que cet air, en sorte qu'elle ne descende pas tout droit et à plomb, ainsi que font les corps pesants sur la vraie terre, considérez premièrement que toutes les parties terrestres comprises dans le cercle 5, 6, 7, 8 étant pressées vers T par la matière du ciel, en la façon que je viens d'expliquer, et ayant avec cela des figures fort irrégulières et diverses, se doivent joindre et accrocher les unes aux autres, et ainsi ne composer qu'une masse qui est emportée tout entière par le cours du ciel ABCD, en telle sorte que, pendant qu'elle tourne, celles de ses parties qui sont, par exemple, vers 6 demeurent toujours vis-à-vis de celles qui sont vers 2 et vers . F, sans s'en écarter notablement ni çà ni là, qu'autant que les vents ou les autres causes particulières les *y* contraignent.

Et de plus remarquez que ce petit ciel ABCD tourne beaucoup plus vite que cette terre, mais que celles de ses parties qui sont engagées dans les pores des corps terrestres ne peuvent pas tourner notablement plus vite que ces corps autour du centre T, encore qu'elles se meuvent beaucoup plus vite en divers autres sens, selon la disposition de ces pores.

Puis, afin que vous sachiez qu'encore que la matière du ciel fasse approcher la pierre R de ce centre, à cause qu'elle tend avec plus de force qu'elle à s'en éloigner, elle ne doit pas tout de même la contraindre de reculer vers l'occident, bien qu'elle tende aussi avec plus de force qu'elle à aller vers l'orient, considérez que cette matière du ciel tend à s'éloigner du centre T, parce qu'elle tend à continuer son mouvement en ligne droite, mais qu'elle ne tend de l'occident vers l'orient que simplement, parce qu'elle tend à le continuer de même vitesse, et qu'il lui est d'ailleurs indifférent de se trouver vers 6 ou vers 7.

Or il est évident qu'elle se meut quelque peu plus en ligne droite pendant qu'elle fait descendre la pierre R vers T, qu'elle ne ferait en la laissant vers R ; mais elle ne pourrait pas se mouvoir si vite vers l'orient, si elle la faisait reculer vers l'occident, que si elle la laisse en sa place, ou même que si elle la pousse devant soi.

Et toutefois, afin que vous sachiez aussi qu'encore que cette matière du ciel ait plus de à faire descendre cette pierre R vers T, qu'à y faire descendre l'air qui l'environne, elle ne doit pas tout de même en avoir plus à la pousser devant soi de l'occident vers l'orient, ni par conséquent la faire mouvoir plus vite que l'air en ce sens-là ; considérez qu'il y a justement autant de cette matière du ciel qui agit contre elle pour la faire descendre vers T, et qui y emploie toute sa force, qu'il en entre de celle de la terre en la composition de son corps, et que, d'autant qu'il y en entre beaucoup davantage qu'en une quantité d'air de pareille étendue, elle doit être pressée beaucoup plus fort vers T que n'est cet air, mais que pour la faire tourner vers l'orient, c'est toute la matière du ciel contenue dans le cercle R qui agit contre elle et conjointement contre toutes les parties terrestres de l'air contenu en ce même cercle ; en sorte que, n'y en ayant point davantage qui agisse contre elle que contre cet air, elle ne doit point tourner plus vite que lui en ce sens-là.

Et vous pouvez entendre de ceci que les raisons dont se servent plusieurs philosophes pour réfuter le mouvement de la vraie terre, n'ont point de force contre celui de la terre que je vous décris ; comme lorsqu'ils disent que si la terre se mouvait les corps pesants ne devraient pas descendre à plomb vers son centre, mais plutôt s'en écarter çà et là vers le ciel, et que les canons pointés vers l'occident devraient porter beaucoup plus loin qu'étant pointés vers l'orient, et que l'on devrait toujours sentir en l'air de grands vents et entendre de grands bruits, et choses semblables, qui n'ont lieu qu'en cas qu'on suppose qu'elle n'est pas emportée par le cours du ciel qui l'environne, mais qu'elle est mue par quelque autre force et en quelque autre sens que ce ciel.

Chapitre XII

DU FLUX ET DU REFLUX DE LA MER.

Or, après vous avoir ainsi expliqué la pesanteur des parties de cette terre, qui est causée par l'action de la matière du ciel qui est en ses pores, il faut maintenant que je vous parle d'un certain mouvement de toute sa masse, qui est causé par la présence de la lune, comme aussi de quelques particularités qui en dépendent.

Pour cet effet, considérez la lune, par exemple vers B, où vous pouvez la supposer comme immobile, à comparaison de la vitesse dont se meut la matière du ciel qui est sous elle ; et considérez que cette matière du ciel ayant moins d'espace entre O et 6 pour y passer, qu'elle n'en aurait entre B et 6 (si la lune n'occupait point l'espace qui est entre O et B), et par conséquent s'y devant mouvoir un peu plus vite, elle ne peut manquer d'avoir la force de pousser quelque peu toute la terre vers D, en sorte que son centre T s'éloigne, comme vous voyez, quelque peu du point M, qui est le centre du petit ciel ABCD : car il n'y a rien que le seul cours de la matière de ce ciel qui la soutienne au lieu où elle est. Et parce que l'air 5, 6, 7, 8 et l'eau 1, 2, 3, 4, qui environnent cette terre, sont des corps liquides, il est évident que la même force qui la presse en cette façon, les doit aussi faire baisser vers T, non seulement du côté 6, 2, mais aussi de son opposé 8, 4, et en récompense les faire hausser aux endroits 4, 1 et 7, 3 ; en sorte que la superficie de la terre EFGH demeurant ronde, à cause qu'elle est dure ; celle de l'eau 1, 2, 3, 4 et celle de l'air 5, 6, 7, 8, qui sont liquides, se doivent former en ovale.

Puis considérez que la terre tournant cependant autour de son centre, et par ce moyen faisant les jours, qu'on peut diviser en vingt-quatre heures, comme les nôtres, celui de ses côtés F qui est maintenant vis-à-vis de la lune, et sur lequel pour cette raison l'eau 2 est moins haute, se doit trouver dans six heures vis-à-vis du ciel marqué C, où cette eau sera plus haute, et dans douze heures vis-à-vis de l'endroit du ciel marqué D, où l'eau derechef sera plus basse ; en sorte que la mer, qui est représentée par cette eau 1, 2, 3, 4, doit avoir son flux et son reflux autour de cette terre de six heures en six heures, comme elle a autour de celle que nous habitons.

Considérez aussi que pendant que cette terre tourne d'E par F vers G, c'est-à-dire de l'occident par le midi vers l'orient, l'enflure de l'eau et de l'air qui demeure vers 1 et 5 et vers 3 et 7, passe de sa partie orientale vers l'occidentale, y faisant un flux sans reflux tout semblable à celui qui, selon le rapport de nos pilotes, rend la navigation beaucoup plus facile dans nos mers de l'orient vers l'occident, que de l'occident vers l'orient. Et pour ne rien oublier en cet endroit, ajoutons que la lune fait en chaque mois le même tour que la terre fait en chaque jour, et ainsi qu'elle fait avancer peu à peu vers l'orient les points 1, 2, 3, 4, qui marquent les plus hautes et les plus basses marées ; en sorte que ces marées ne changent pas précisément de six heures en six heures, mais qu'elles retardent d'environ la cinquième partie d'une heure à chaque fois, ainsi que font aussi celles de nos mers.

Considérez outre cela que le petit ciel ABCD n'est pas exactement rond, mais qu'il s'étend avec un peu plus de liberté vers A et vers C, et s'y meut à proportion plus lentement que vers B et vers D, où il ne peut pas si aisément rompre le cours de la matière de l'autre ciel qui le contient ; en sorte que la lune, qui demeure toujours comme attachée à sa superficie extérieure, se doit mouvoir un peu plus vite, et s'écarter moins de sa route, et ensuite être cause que les flux et reflux de la mer soient beaucoup plus grands lorsqu'elle est vers B, où elle est pleine, et vers D, où elle est nouvelle, que lorsqu'elle est vers A et vers C, où elle n'est qu'à demi pleine, qui sont des particularités que les astronomes observent aussi toutes semblables en la vraie lune, bien qu'ils n'en puissent peut-être pas si facilement rendre raison par les hypothèses dont ils se servent.

Pour les autres effets de cette lune, qui diffèrent quand elle est pleine de quand elle est nouvelle, ils dépendent manifestement de sa lumière. Et pour les autres particularités du flux et du reflux, elles dépendent en partie de la diverse situation des côtes de la mer, et en partie des vents qui règnent aux temps et aux lieux qu'on les observe. Enfin, pour les autres mouvements généraux tant de la terre et de la lune que des autres astres et des cieux, ou vous les pouvez assez entendre de ce que j'ai dit, ou bien ils ne servent pas à mon sujet, et ne se faisant pas en même plan que ceux dont j'ai parlé, je serais trop long à les décrire : si bien qu'il ne me reste plus ici qu'à expliquer cette action des cieux et des astres que j'ai tantôt dit devoir être prise pour leur lumière.

Chapitre XIII

DE LA LUMIÈRE.

J'ai déjà dit plusieurs fois que les corps qui tournent en rond tendent toujours à s'éloigner des centres des cercles qu'ils décrivent ; mais il faut ici que je détermine plus particulièrement vers quels côtés tendent les parties de la matière dont les cieux et les astres sont composés.

Et pour cela il faut savoir que lorsque je dis qu'un corps tend vers quelque côté, je ne veux pas pour cela qu'on s'imagine qu'il ait en soi une pensée ou une volonté qui l'y porte, mais seulement qu'il est disposé à se mouvoir vers là, soit que véritablement il s'y meuve, soit plutôt que quelque autre corps l'en empêche ; et c'est principalement en ce dernier sens que je me sers du mot de tendre, à cause qu'il semble signifier quelque effort, et que tout effort présuppose de la résistance. Or, d'autant qu'il se trouve souvent diverses causes qui, agissant ensemble contre un même corps, empêchent l'effet, l'une de l'autre, on peut, selon diverses considérations, dire qu'un même corps tend vers divers côtés en même temps, ainsi qu'il a tantôt été dit que les parties de la terre tendent à s'éloigner de son centre, en tant qu'elles sont considérées toutes seules, et qu'elles tendent au contraire à s'en approcher, en tant que l'on considère la force des parties du ciel qui les y pousse ; et derechef qu'elles tendent à s'en éloigner, si on les considère comme opposées à d'autres parties terrestres qui composent des corps plus massifs qu'elles ne sont.

Ainsi, par exemple, la pierre qui tourne dans une fronde suivant le cercle AB tend vers C lorsqu'elle est au point A, si on ne considère autre chose que son agitation toute seule ; et elle tend circulairement d'A vers B, si on considère son mouvement comme réglé et déterminé par la longueur de la corde qui la retient ; et enfin la même pierre tend vers E, si, sans considérer la partie de son agitation dont l'effet n'est point empêché, on en oppose l'autre partie à la résistance que lui fait continuellement cette fronde.

Mais, pour entendre distinctement ce dernier point, imaginez-vous l'inclination qu'a cette pierre à se mouvoir d'A vers C, comme si elle était composée de deux autres qui fussent, l'une de tourner suivant le cercle AB, et l'autre de monter tout droit suivant la ligne VXY ; et ce en telle proportion que, se trouvant à l'endroit de la fronde marquée Y lorsque la fronde est à l'endroit du cercle marqué A, elle se dût trouver par après à l'endroit marqué X lorsque la fronde serait vers B, et à l'endroit marqué Y lorsqu'elle serait vers F, et ainsi demeurer toujours en la ligne droite AGG. Puis, sachant que l'une des parties de son inclination, à savoir celle qui la porte suivant le cercle AB, n'est nullement empêchée par cette fronde, vous verrez bien qu'elle ne trouve de résistance que pour l'autre partie, à savoir pour celle qui la ferait mouvoir suivant la ligne DVXY, si elle n'était point empêchée, et par conséquent qu'elle ne tend, c'est-à-dire qu'elle ne fait effort que pour s'éloigner directement du centre D. Et remarquez que, selon cette considération, étant au point A elle tend si véritablement vers E, qu'elle n'est point du tout plus disposée à se mouvoir vers H que vers I, bien qu'on pourrait aisément se persuader le contraire si on manquait à considérer la différence qui est entre le mouvement qu'elle a déjà, et l'inclination à se mouvoir qui lui reste.

Or vous devez penser de chacune des parties du second élément qui composent les cieux tout le même que de cette pierre ; c'est à savoir que celles qui sont, par exemple, vers E ne tendent de leur propre inclination que vers P, mais que la résistance des autres parties du ciel qui sont au-dessus d'elles les fait tendre, c'est-à-dire les dispose à se mouvoir suivant le cercle ER ; et derechef que cette résistance, opposée à l'inclination qu'elles ont de continuer leur mouvement en ligne droite, les fait tendre, c'est-à-dire est cause qu'elles font effort pour se mouvoir vers M ; et ainsi, jugeant de toutes les autres en même sorte, vous voyez en quel sens on peut dire qu'elles tendent vers les lieux qui sont directement opposés au centre du ciel qu'elles composent.

Mais ce qu'il y a encore en elles à considérer de plus qu'en une pierre qui tourne dans une fronde, c'est qu'elles sont continuellement poussées, tant par toutes celles de leurs semblables qui sont entre elles et l'astre qui occupe le centre de leur ciel, que même par la matière de cet astre, et qu'elles ne le sont aucunement par les autres. Par exemple, que celles qui sont vers E ne sont point poussées par celles qui sont vers M, ou vers T, ou vers R, ou vers K, ou vers H, mais seulement par toutes celles qui sont entre les deux lignes AF, DG, et ensemble par la matière du soleil ; ce qui est cause qu'elles tendent non seulement vers M, mais aussi vers L et vers N, et généralement vers tous les points où peuvent parvenir les rayons, ou lignes droites qui, venant de quelque partie du soleil, passent par le lieu où elles sont.

Mais, afin que l'explication de tout ceci soit plus facile, je désire que vous considériez les parties du second élément toutes seules, et comme si tous les espaces qui sont occupés par la matière du premier, tant, celui où est le soleil que les autres, étaient vides. Même, à cause qu'il n'y a point de meilleur moyen pour savoir si un corps est poussé par quelques autres que de voir si ces autres s'avanceraient actuellement vers le lieu où il est pour le remplir en cas qu'il fut vide, je désire aussi que vous vous imaginiez que les parties du second élément qui sont vers E en soient ôtées, et, cela posé, que vous regardiez, en premier lieu, qu'aucune de celles qui sont au-dessus du cercle TER, comme vers M, ne sont point disposées à remplir leur place, d'autant qu'elles tendent tout au contraire à s'en éloigner ; puis aussi que celles qui sont en ce cercle, à savoir vers T, n'y sont point non plus disposées : car, encore bien qu'elles se meuvent véritablement de T vers G, suivant le cours de tout le ciel, toutefois, pour ce que celles qui sont vers F se meuvent aussi avec pareille vitesse vers R, l'espace E, qu'il faut imaginer mobile comme elles, ne laisserait pas de demeurer vide entre G et F, s'il n'en venait d'autres d'ailleurs pour le remplir. Et, en troisième lieu, que celles qui sont au-dessous de ce cercle, mais qui ne sont pas comprises entre les lignes AF, DG, comme Celles qui sont vers H et vers K, ne tendent aussi aucunement à s'avancer vers cet espace E pour le remplir, encore que l'inclination qu'elles ont à s'éloigner du point S les y dispose en quelque sorte ; ainsi que la pesanteur d'une pierre la dispose, non seulement à descendre tout droit en l'air libre, mais aussi à rouler de travers sur le penchant d'une montagne, en cas qu'elle ne puisse descendre d'autre façon.

Or la raison qui les empêche de tendre vers cet espace est que tous les mouvements se continuent autant qu'il est possible en ligne droite ; et par conséquent que lorsque la nature a plusieurs voies pour parvenir à un même effet, elle suit toujours infailliblement la plus courte ; car si les parties du second élément qui sont, par exemple, vers K, s'avançaient vers E, toutes celles qui sont plus proches qu'elles du soleil s'avanceraient aussi au même instant vers le lieu qu'elles quitteraient, et ainsi l'effet de leur mouvement ne serait autre, sinon que l'espace E se remplirait, et qu'il y en aurait un autre d'égale grandeur en la circonférence ABCD, qui deviendrait vide en même temps. Mais il est manifeste que ce même effet peut suivre beaucoup mieux, si celles qui sont entre les lignes AF, DG, s'avancent tout droit vers E ; et par conséquent que, lorsqu'il n'y a rien qui en empêche celles-ci, les autres n'y tendent point du tout : non plus qu'une pierre ne tend jamais à descendre obliquement vers le centre de la terre, lorsqu'elle y peut descendre en ligne droite.

Enfin, considérez que toutes les parties du second élément qui sont entre les lignes AF, DG, doivent s'avancer ensemble vers cet espace E, pour le remplir au même instant qu'il est vide. Car, encore qu'il n'y ait que l'inclination qu'elles ont à s'éloigner du point S qui les y porte, et que cette inclination fasse que celles qui sont entre les lignes BF, CG, tendent plus directement vers là que celles qui restent entre les lignes A F, BF, et DG, CG, vous verrez néanmoins que ces dernières ne laisse pas d'être aussi disposées que les autres à y aller, si vous prenez garde à l'effet qui doit suivre de leur mouvement, qui n'est autre sinon, comme j'ai dit tout maintenant, que l'espace E se remplisse, et qu'il y en ait un autre d'égale grandeur en la circonférence ABCD qui devienne vide en même temps. Car pour le changement de situation qui leur arrive dans les autres lieux qu'elles remplissaient auparavant, et qui en demeurent après encore pleins, il n'est aucunement considérable, d'autant qu'elles doivent être supposées si égales et si pareilles en tout les unes aux autres, qu'il n'importe de quelles parties chacun de ces lieux soit rempli. Remarquez néanmoins qu'on ne doit pas conclure de ceci qu'elles soient toutes égales, mais seulement que les mouvements dont leur inégalité peut être cause n'appartiennent point à l'action dont nous parlons.

Or il n'y a point de plus court moyen pour faire qu'une partie de l'espace E se remplissant, celui par exemple qui est vers D devienne vide, que si toutes les parties de la matière qui se trouvent en la ligne droite DG, DE, s'avancent ensemble vers E : car s'il n'y avait que celles qui sont entre les lignes BF, CG, qui s'avançassent les premières vers cet espace E, elles en laisseraient un autre au-dessous d'elles vers Y, dans lequel devraient venir celles qui sont vers D ; en sorte que le même effet qui peut être produit par le mouvement de la matière qui est en la ligne droite DG, ou DE, le serait par le mouvement de celle qui est en la ligne courbe DVE ; ce qui est contraire aux lois de la nature.

Mais si vous trouvez ici quelque difficulté à comprendre comment les parties du second élément qui sont entre les lignes AF, DG peuvent s'avancer toutes ensemble vers E, sur ce qu'y ayant plus de distance entre A et D qu'entre F et G, l'espace où elles doivent entrer pour s'avancer ainsi est plus étroit que celui d'où elles doivent sortir, considérez que l'action par laquelle elles tendent à s'éloigner du centre de leur ciel ne les oblige point à toucher celles de leurs voisines qui sont à pareille distance qu'elles de ce centre, mais seulement à toucher celles qui en sont d'un degré plus éloignées. Ainsi que la pesanteur des petites boules 1, 2, 3, 4, 5 n'oblige point celles qui sont marquées d'un même chiffre à s'entre-toucher, mais seulement oblige celles qui sont marquées 1 ou 10 à s'appuyer sur celles qui sont marquées 2 ou 2o, et celles-ci sur celles qui sont marquées 3 ou 30, et ainsi de suite : en sorte que ces petites boules peuvent bien n'être pas seulement arrangées comme vous les voyez en cette septième figure, mais aussi comme elles sont en la huit et neuvième, et en mille autres diverses façons.

Puis considérez que ces parties du second élément se remuant séparément les unes des autres, ainsi qu'il a été dit ci-dessus qu'elles doivent faire, ne peuvent jamais être arrangées comme les boules de la septième figure ; et toutefois qu'il n'y a que cette seule façon en laquelle la difficulté proposée puisse avoir quelque lieu : car on ne saurait supposer si peu d'intervalle entre celles de ces parties qui sont à pareille distance du centre de leur ciel, que cela ne suffise pour concevoir que l'inclination qu'elles ont à s'éloigner de ce centre doit faire avancer celles qui sont entre les lignes AF, DG, toutes ensemble, vers l'espace E lorsqu'il est vide ; ainsi que vous voyez en la neuvième figure, rapportée à la dixième, que la pesanteur des petites boules 40, 30, etc., les doit faire descendre toutes ensemble vers l'espace qu'occupe celle qui est marquée 50, sitôt que celle-ci en peut sortir.

Et l'on peut ici clairement apercevoir comment celles de ces boules qui sont marquées d'un même chiffre se rangent en un espace plus étroit que n'est celui d'où elles sortent, à savoir en s'approchant l'une de l'autre. On peut aussi apercevoir que les deux boules marquées 40 doivent descendre un peu plus vite, et s'approcher à proportion un peu plus l'une de l'autre que les trois marquées 30, et ces trois, que les quatre marquées 20, et ainsi des autres.

Ensuite de quoi vous me direz peut-être que, comme il paraît en la dixième figure que les deux boules 40, 40, après être tant soit peu descendues viennent à s'entre-toucher (ce qui est cause qu'elles s'arrêtent sans pouvoir descendre plus bas), tout de même les parties du second élément qui doivent s'avancer vers E s'arrêteront avant que d'avoir achevé de remplir tout l'espace que nous y avons supposé.

Mais je réponds à cela qu'elles ne peuvent si peut s'avancer vers là que ce ne soit assez pour prouver parfaitement ce que j'ai dit ; c'est à savoir que tout l'espace qui y est étant déjà plein de quelque corps, quel qu'il puisse être, elles pressent continuellement ce corps, et font effort contre lui comme pour le chasser hors de sa placé.

Puis outre cela je réponds que leurs autres mouvements qui continuent en elles pendant qu'elles s'avancent ainsi vers E, ne leur permettant pas de demeurer un seul moment arrangées en même sorte, les empêchent de s'entre-toucher, ou bien font qu'après s'être touchées elles se séparent incontinent derechef, et ainsi ne laissent pas pour cela de s'avancer sans interruption vers l'espace E, jusqu'à ce qu'il soit tout rempli. De sorte qu'on ne peut conclure de ceci autre chose sinon que la force dont elles tendent vers E est peut-être comme tremblante, et se redouble et se relâche à diverses petites secousses, selon qu'elles changent de situation, ce qui semblé être une propriété fort convenable à la lumière.

Or, si Vous avez entendu tout ceci suffisamment, en supposant les espaces E et S, et tous les petits angles qui sont entre les parties du ciel, comme vides, vous l'entendrez encore mieux en les supposant être remplis de la matière du premier élément ; car les parties de ce premier élément qui se trouvent en l'espace E ne peuvent empêcher que celles du second qui sont entre les lignes AF, DG, ne s'avancent pour le remplir, tout de même que s'il était vide : à cause qu'étant extrêmement subtiles et extrêmement agitées, elles sont toujours aussi prêtes à sortir des lieux où elles se trouvent, que puisse être aucun autre corps à y entrer. Et, pour cette même raison, celles qui occupent les petits angles qui sont entre les parties du ciel, cèdent leur place sans résistance à celles qui viennent de cet espace E, et qui vont se rendre vers le point S. Je dis plutôt vers S que vers aucun autre lieu, à cause que les autres corps, qui étant plus unis et plus gros ont plus de force, tendent tous à s'en éloigner.

Même il faut remarquer qu'elles passent d'E vers S entre les parties du second élément qui vont d'S vers E, sans s'empêcher aucunement les unes les autres ; ainsi que l'air qui est enfermé dans l'horloge XYZ monte de Z vers X au travers du sable Y, qui ne laisse pas pour cela de descendre cependant vers Z.

Enfin, les parties de ce premier élément qui se trouvent en l'espace ABCD, où elles composent le corps du soleil, y tournant en rond fort promptement autour du point S, tendent à s'en éloigner de tous côtés en ligne droite, suivant ce que je viens d'expliquer ; et par ce moyen toutes celles qui sont en la ligne SD poussent ensemble la partie du second élément qui est au point D, et toutes celles qui sont en la ligne SA poussent celle qui est au point A, et ainsi des autres ; en telle sorte que cela seul suffirait pour faire que toutes celles de ces parties du second élément qui sont entre les lignes AF, DG, s'avançassent vers l'espace E, encore qu'elles n'y eussent aucune inclination d'elles-mêmes.

Au reste, puisqu'elles doivent ainsi s'avancer vers cet espace E lorsqu'il n'est occupé que par la matière du premier élément, il est certain qu'elles tendent aussi à y aller encore même qu'il soit rempli de quelque autre corps, et par conséquent qu'elles poussent et font effort contre ce corps comme pour le chasser hors de sa place. En sorte que si c'était l'œil d'un homme qui fut au point E, il serait poussé actuellement tant par le soleil que par toute la matière du ciel qui est entre les lignes AF, DG.

Or il faut savoir que les hommes de ce nouveau monde seront de telle nature que lorsque leurs yeux seront poussés en cette façon, ils en auront un sentiment tout semblable à celui que nous avons de la lumière, ainsi que je dirai ci-après plus amplement.

Chapitre XIV

DES PROPRIÉTÉS DE LA LUMIÈRE.

Mais je me veux arrêter encore un peu en cet endroit à expliquer les propriétés de l'action dont leurs yeux peuvent ainsi être poussés. Car elles se rapportent toutes si parfaitement à celles que nous remarquons en la lumière, que, lorsque vous les aurez considérées, je m'assure que vous avouerez comme moi qu'il n'est pas besoin d'imaginer dans les astres ni dans les cieux d'autre qualité que cette action, qui s'appelle du nom de lumière.

Les principales propriétés de la lumière sont : 1° qu'elle s'étend en rond de tous côtés autour des corps qu'on nomme lumineux ; 2° et à toute sorte de distance ; 3° et en un instant ; 4° et pour l'ordinaire en lignes droites, qui doivent être prises pour les rayons de la lumière ; 5° et que plusieurs de ces rayons, venant de divers points, peuvent s'assembler en un même point ; 6° ou, venant d'un même point, peuvent s'aller rendre en divers points ; ou, venant de divers points, et allant vers divers points, peuvent passer par un même point, sans s'empêcher les uns les autres ; 8° et qu'ils peuvent aussi quelquefois s'empêcher les uns les autres, à savoir quand leur force est fort inégale, et que celle des uns est beaucoup plus grande que celle des autres ; 9° et enfin qu'ils peuvent être détournés par réflexion, 10° ou par réfraction ; 11° et que leur force peut être augmentée, 12° ou diminuée par les diverses dispositions ou qualités de la matière qui les reçoit. Voilà les principales qualités qu'on observe en la lumière, qui conviennent toutes à cette action, ainsi que vous allez voir.

1. Que cette action se doive étendre de tous côtés autour des corps lumineux, la raison en est évidente, à cause que c'est du mouvement circulaire de leurs parties qu'elle procède.

2. Il est évident aussi qu'elle peut s'étendre à toute sorte de distance : car, par exemple, supposant que les parties du ciel qui se trouvent entre AF et DG sont déjà d'elles-mêmes disposées à s'avancer vers E, comme nous avons dit qu'elles sont, on ne peut pas douter non plus que la force dont le soleil pousse celles qui sont vers ABCD ne se doive aussi étendre jusqu'à E, encore même qu'il y eût plus de distance des unes aux autres qu'il n'y en a depuis les plus hautes étoiles du firmament jusqu'à nous.

3. Et sachant que les parties du second élément qui sont entre AF et DG se touchent et pressent toutes l'une l'autre autant qu'il est possible, on ne peut pas aussi douter que l'action dont les premières sont poussées ne doive passer en un instant jusqu'aux dernières, tout de même que celle dont on pousse l'un des bouts d'un bâton passe jusqu'à l'autre bout au même instant ; ou plutôt, afin que vous ne fassiez point de difficulté sur ce que ces

parties ne sont point attachées l'une à l'autre ainsi que le sont celles d'un bâton, tout de même qu'en la neuvième figure la petite boule marquée 50 descendant vers 6, les autres marquées 10 descendent aussi vers là au même instant.

4. Quant à ce qui est des lignes suivant lesquelles se communique cette action, et qui sont proprement les rayons de la lumière, il faut remarquer qu'elles diffèrent des parties du second élément par l'entremise desquelles cette même action se communique, et qu'elles ne sont rien de matériel dans le milieu par où elles passent, mais qu'elles désignent seulement en quel sens et suivant quelle détermination le corps lumineux agit contre celui qu'il illumine ; et ainsi qu'on ne doit pas laisser de les concevoir exactement droites, encore que les parties du second élément qui servent à transmettre cette action, ou la lumière, ne puissent presque jamais être si directement posées l'une sur l'autre qu'elles composent des lignes toutes droites. Tout de même que vous pouvez aisément concevoir que la main A pousse le corps E suivant la ligne droite AE, encore qu'elle ne le pousse que par l'entremise du bâton BCD, qui est tortu ; et tout de même ainsi que la boule marquée pousse celle qui est marquée 7 par l'entremise des deux marquées 5, 5, aussi directement que par l'entremise des autres 2, 3, 4, 6.

5. 6. Vous pouvez aussi aisément concevoir comment plusieurs de ces rayons venant de divers points s'assemblent en un même point, ou venant d'un même point se vont rendre en divers points, sans s'empêcher ni dépendre les uns des autres. Comme vous voyez en la sixième figure qu'il en vient plusieurs des points ABCD qui s'assemblent au point E, et qu'il en vient plusieurs du seul point D qui s'étendent, l'un vers E, l'autre vers K, et ainsi vers une infinité d'autres lieux ; tout de même que les diverses forces dont on tire les cordes 1, 2, 3, 4, 5 s'assemblent toutes en la poulie, et que la résistance de cette poulie s'étend à toutes les diverses mains qui tirent ces cordes.

7. Mais pour concevoir comment plusieurs de ces rayons venant de divers points et allant vers divers points peuvent passer par un même point sans s'empêcher les uns les autres, comme en cette sixième figure, les deux rayons AN et DL passent par le point E, il faut considérer que chacune des parties du second élément est capable de recevoir plusieurs divers mouvements en même temps : en sorte que celle qui est par exemple au point E peut tout ensemble être poussée vers L, par l'action qui vient de l'endroit du soleil marqué D, et en même temps vers N, par celle qui vient de l'endroit marqué A. Ce que vous entendrez encore mieux si vous considérez qu'on peut pousser l'air en même temps d'F vers G, d'H vers I, et de K vers L, par les trois tuyaux FG, HI, KL, bien que ces tuyaux soient tellement unis au point N, que tout l'air qui passe par le milieu de chacun d'eux doit nécessairement passer aussi par le milieu des deux autres.

8. Et cette même comparaison peut servir à expliquer comment une forte

lumière empêche l'effet de celles qui sont plus faibles ; car si l'on pousse l'air beaucoup plus fort par F que par H ni par K, il ne tendra point du tout vers I ni vers L, mais seulement vers G.

9. 10. Pour la réflexion et la réfraction, je les ai déjà ailleurs suffisamment expliquées. Toutefois, parce que je me suis servi pour lors de l'exemple du mouvement d'une balle au lieu de parler des rayons de la lumière, afin de rendre par ce moyen mon discours plus intelligible, il me reste encore ici à vous faire considérer que l'action ou l'inclination à se mouvoir, qui est transmise d'un lieu en un autre par le moyen de plusieurs corps qui s'entre-touchent et qui se trouvent sans interruption en tout l'espace qui est entre deux, suit exactement la même voie par où cette même action pourrait faire mouvoir le premier de ces corps, si les autres n'étaient point en son chemin, sans qu'il y ait aucune autre différence sinon qu'il faudrait du temps à ce corps pour se mouvoir, au lieu que l'action qui est en lui peut, par l'entremise de ceux qui le touchent, s'étendre jusqu'à toutes sortes de distances en un instant ; d'où il suit que comme une balle se réfléchit quand elle donne contre la muraille d'un jeu de paume, et qu'elle souffre réfraction quand elle entre obliquement dans de l'eau ou qu'elle en sort, de même, aussi quand les rayons de la lumière rencontrent un corps qui ne leur permet pas de passer outre, ils doivent se réfléchir ; et quand ils entrent obliquement, en quelque lieu par où ils peuvent s'étendre plus ou moins aisément que par celui d'où ils sortent, ils doivent aussi, au point de ce changement, se détourner et souffrir réfraction.

11. 12. Enfin, la force de la lumière est non seulement plus ou moins grande en chaque lieu, selon la quantité des rayons qui s'y assemblent, mais elle peut aussi être augmentée ou diminuée par les diverses dispositions des corps qui se trouvent aux lieux par où elle passe, ainsi que la vitesse d'une balle ou d'une pierre qu'on pousse dans l'air, peut être augmentée par les vents qui soufflent vers le même côté qu'elle se meut, et diminuée par leurs contraires.

Chapitre XV

QUE LA FACE DU CIEL DE CE NOUVEAU MONDE DOIT PARAÎTRE
A SES HABITANTS SEMBLABLE A CELLE DU NÔTRE.

Ayant ainsi expliqué la nature et les propriétés de l'action que j'ai prise pour la lumière, il faut aussi que j'explique comment par son moyen les habitants de la planète que j'ai supposée pour la terre peuvent voir la face de leur ciel toute semblable à celle du nôtre.

Premièrement, il n'y a point de doute qu'ils ne doivent voir le corps marqué S tout plein de lumière et semblable à notre soleil, vu que ce corps envoie des rayons de tous les points de sa superficie vers leurs yeux ; et, parce qu'il est beaucoup plus proche d'eux que les étoiles, il leur doit paraître beaucoup plus grand. Il est vrai que les parties du petit ciel ABCD, qui tourne autour de la terre, font quelque résistance à ces rayons ; mais parce que toutes celles du grand ciel, qui sont depuis S jusqu'à D, les fortifient, celles qui sont depuis D jusqu'à T, n'étant à comparaison qu'en petit nombre, ne leur peuvent ôter que peu de leur force ; et même toute l'action des parties du grand ciel FGGF, ne suffit pas pour empêcher que les rayons de plusieurs étoiles fixes ne parviennent jusqu'à la terre du côté qu'elle n'est point éclairée par le soleil.

Car il faut savoir que les grands cieux, c'est-à-dire ceux qui ont une étoile fixe ou le soleil pour leur centre, quoique peut-être assez inégaux en grandeur, doivent être toujours exactement d'égale force, en sorte que toute la matière qui est par exemple en la ligne SB doit tendre aussi fort vers e que celle qui est en la ligne ε B tend vers S ; car, s'ils n'avaient entre eux cette égalité, ils se détruiraient infailliblement dans peu de temps, ou du moins se changeraient jusqu'à ce qu'ils l'eussent acquise.

Or, puisque toute la force du rayon SB, par exemple, n'est que justement égale à celle du rayon ε B, il est manifeste que celle du rayon TB, qui est moindre, ne peut empêcher la force du rayon e B de s'étendre jusqu'à T ; et tout de même il est évident que l'étoile A peut étendre ses rayons jusqu'à la terre T, d'autant que la matière du ciel qui est depuis A jusqu'à 2 leur aide plus que celle qui est depuis 4 jusqu'à T ne leur résiste, et avec cela que celle qui est depuis 3 jusqu'à 4 ne leur aide pas moins que leur résiste celle qui est depuis 3 jusqu'à 2 ; et ainsi, jugeant des autres à proportion, vous pouvez entendre que ces étoiles ne doivent pas paraître moins confusément arrangées, ni moindres en nombre, ni moins inégales entre elles, que font celles que nous voyons dans le vrai monde.

Mais il faut encore que vous considériez, touchant leur arrangement, qu'elles ne peuvent quasi jamais paraître dans le vrai lieu où elles sont. Car, par exemple, celle qui est marquée 1 paraît comme si elle était en la ligne droite TB ; et l'autre, marquée A, comme si elle était en la ligne droite T 4 : dont la raison est que les cieux étant inégaux en grandeur, les superficies qui les séparent ne se trouvent quasi jamais tellement disposées que les rayons qui passent au travers pour aller de ces étoiles vers la terre, les rencontrent à angles droits ; et, lorsqu'ils les rencontrent obliquement, il est certain, suivant ce qui a été démontré en la Dioptrique, qu'ils doivent s'y courber et souffrir beaucoup de réfraction, d'autant qu'ils passent beaucoup plus aisément par l'un des côtés de cette superficie que par l'autre. Et il faut supposer ces lignes TB, T 4, et semblables, si extrêmement longues à comparaison du diamètre du cercle que la terre décrit autour du soleil, qu'en quelque endroit de ce cercle qu'elle se trouve, les hommes qu'elle soutient voient toujours les étoiles comme fixes et attachées aux mêmes endroits du firmament ; c'est-à-dire, pour user des termes des astronomes, qu'ils ne peuvent remarquer en elles de parallaxes.

Considérez aussi, touchant le nombre de ces étoiles, que souvent une même peut paraître en divers lieux, à cause des diverses superficies qui détournent ses rayons vers la terre ; comme ici celle qui est marquée A paraît en la ligne T 4, par le moyen du rayon A 2 4 T, et ensemble en la ligne T *f*, par le moyen du rayon A 6 *fT*, ainsi que se multiplient les objets qu'on regarde au travers des verres ou autres corps transparents qui sont taillés à plusieurs faces.

De plus considérez, touchant leur grandeur, qu'encore qu'elles doivent paraître beaucoup plus petites qu'elles ne sont, à cause de leur extrême éloignement, et même qu'il y en ait la plus grande partie qui pour cette raison ne doivent point paraître du tout, et d'autres qui ne paraissent qu'en tant que les rayons de plusieurs joints ensemble rendent les parties du firmament par où ils passent un peu plus blanches et semblables à certaines étoiles que les astronomes appellent nébuleuses, ou à cette grande ceinture de notre ciel que les poètes feignent être blanchie du lait de Junon ; toutefois, pour celles qui sont les moins éloignées, il suffit de les supposer environ égales à notre soleil, pour juger qu'elles peuvent paraître aussi grandes que font les plus grandes de notre monde.

Car outre que généralement tous les corps qui envoient de plus forts rayons contre les yeux des regardants, que ne font ceux qui les environnent, paraissent aussi plus grands qu'eux à proportion, et par conséquent que ces étoiles doivent toujours sembler plus grandes que les parties de leurs cieux égales à elles et qui les avoisinent, ainsi que j'expliquerai ci-après, les superficies FG, GG, GF, et semblables, où se font les réfractions de leurs rayons, peuvent être courbées de telle façon qu'elles augmentent beaucoup leur grandeur ; et même étant seulement toutes plates, elles l'augmentent.

Outre cela il est fort vraisemblable que ces superficies étant en une matière très fluide, et qui ne cesse jamais de se mouvoir, doivent branler et ondoyer toujours quelque peu ; et par conséquent que les étoiles qu'on voit au travers doivent paraître étincelantes et comme tremblantes, ainsi que font les nôtres, et même, à cause de leur tremblement, un peu plus grosses, ainsi que fait l'image de la lune au fond d'un lac dont la surface n'est pas fort troublée ni agitée, mais seulement un peu crispée par le souffle de quelque vent.

Et enfin il se peut faire que par succession de temps ces superficies se changent un peu, ou même aussi que quelques-unes se courbent assez notablement en peu de temps, quand ce ne serait qu'à l'occasion d'une comète qui s'en approche, et par ce moyen que plusieurs étoiles semblent, après un long temps, être un peu changées de place sans l'être de grandeur, ou un peu changées de grandeur sans l'être de place ; et même que quelques-unes commencent assez subitement à paraître ou à disparaître, ainsi qu'on l'a vu arriver dans le vrai monde.

Pour les planètes et les comètes qui sont dans le même ciel que le soleil, sachant que les parties du troisième élément dont elles sont composées sont si grosses, ou tellement jointes plusieurs ensemble, qu'elles peuvent résister à l'action de la lumière, il est aisé à entendre qu'elles doivent paraître par le moyen des rayons que le soleil envoie vers elles, et qui se réfléchissent de là vers la terre ; ainsi que les objets opaques ou obscurs qui sont dans une chambre y peuvent être vus par le moyen des rayons que le flambeau qui y éclaire envoie vers eux, et qui retournent de là vers les yeux des regardants. Et avec cela les rayons du soleil ont un avantage fort remarquable par-dessus ceux d'un flambeau, qui consiste en ce que leur force se conserve, ou même s'augmente de plus en plus à mesure qu'ils s'éloignent du soleil, jusqu'à ce qu'ils soient parvenus à la superficie extérieure de son ciel, à cause que toute la matière de ce ciel tend vers là : au lieu que les rayons d'un flambeau s'affaiblissent en s'éloignant, à raison de la grandeur des superficies sphériques qu'ils illuminent, et même encore quelque peu plus à cause de la résistance de l'air par où ils passent. D'où vient que les objets qui sont proches de ce flambeau en sont notablement plus éclairés que ceux qui en sont loin ; et que les plus basses planètes ne sont pas à même proportion plus éclairées par le soleil que les plus hautes, ni même que les comètes, qui en sont sans comparaison plus éloignées.

Or l'expérience nous montre que le semblable arrive aussi dans le vrai monde ; et toutefois je ne crois pas qu'il soit possible d'en rendre raison, si on suppose que la lumière y soit autre chose dans les objets qu'une action ou disposition telle que je l'ai expliquée. Je dis une action ou disposition : car si vous avez bien pris garde à ce que j'ai tantôt démontré, que si l'espace où est le soleil était tout vide, les parties de son ciel ne laisseraient pas de tendre vers les yeux des regardants en même façon que lorsqu'elles sont poussées par sa matière, et même avec presque autant de force, vous pouvez bien juger qu'il n'a quasi pas besoin d'avoir en soi aucune action ni quasi même d'être autre chose qu'un pur espace, pour paraître tel que nous le voyons ; ce que vous eussiez peut-être pris auparavant pour une proposition fort paradoxe. Au reste, le mouvement qu'ont ces planètes autour de leur centre est cause qu'elles étincellent, mais beaucoup moins fort et d'une autre façon que ne font les étoiles fixes ; et parce que la lune est privée de ce mouvement, elle n'étincelle point du tout.

Pour les comètes qui ne sont pas dans le même ciel que le soleil, elles ne peuvent pas, à beaucoup près, envoyer tant de rayons vers la terre que si elles y étaient, non pas même lorsqu'elles sont toutes prêtes à y entrer, et par conséquent elles ne peuvent pas être vues par les hommes, si ce n'est peut-être quelque peu, lorsque leur grandeur est extraordinaire. Dont la raison est que la plupart des rayons que le soleil envoie vers elles sont écartés çà et là, et comme dissipés par la réfraction qu'ils souffrent en la partie du firmament par où ils passent. Car, par exemple, au lieu que la comète CD reçoit du soleil, marqué S, tous les rayons qui sont entre les lignes SC, SD, et renvoie vers la terre tous ceux qui sont entre les lignes CT, DT, il faut penser que la comète F F ne reçoit du même soleil que les rayons qui sont entre les lignes SGE, SHF à cause que, passant beaucoup plus aisément depuis S jusqu'à la superficie GH, que je prends pour une partie du firmament, qu'ils ne peuvent passer au-delà, leur réfraction y doit être fort grande, et fort en dehors : ce qui en détourne plusieurs d'aller vers la comète EF, vu principalement que cette superficie est courbée en dedans vers le soleil, ainsi que vous savez qu'elle doit se courber lorsqu'une comète s'en approche. Mais encore qu'elle fut toute plate, ou même courbée de l'autre côté, la plupart des rayons que le soleil lui enverrait ne laisseraient pas d'être empêchés par la réfraction, sinon d'aller jusqu'à elle, au moins de retourner de là jusqu'à la terre. Comme, par exemple, supposant la partie du firmament IR être une portion de sphère dont le centre soit au point S, les rayons SIL, S RM, ne s'y doivent point du tout courber en allant vers la comète LM ; mais en revanche ils se doivent beaucoup courber en retournant de là vers la terre, en sorte qu'ils n'y peuvent parvenir que fort faibles, et en fort petite quantité. Outre que ceci ne pouvant arriver que lorsque la comète est encore assez loin du ciel qui contient le soleil (car autrement, si elle en était proche, elle ferait courber en dedans sa superficie), son éloignement empêche aussi qu'elle n'en reçoive tant de rayons que lorsqu'elle est prête à y entrer. Et pour les rayons qu'elle reçoit de l'étoile fixe qui est au centre du ciel qui la contient, elle ne peut pas les renvoyer vers la terre, non plus que la lune étant nouvelle n'y renvoie pas ceux du soleil.

Mais ce qu'il y a de plus remarquable touchant ces comètes, c'est une certaine réfraction de leurs rayons, qui est ordinairement cause qu'il en paraît quelques-uns en forme de queue ou de chevelure autour d'elles, ainsi que vous entendrez facilement si vous jetez les yeux sur cette figure où S est le soleil, C une comète, EBG la sphère qui, suivant ce qui a été dit ci-dessus, est composée des parties du second élément qui sont les plus grosses et les moins agitées de toutes, DA le cercle qui est décrit par le mouvement annuel de la terre ; et que vous pensiez que le rayon qui vient de C vers B passe bien tout droit jusqu'au point A, mais qu'outre cela il commence au point B à s'élargir et à se diviser en plusieurs autres rayons, qui s'étendent çà et là de tous côtés, en telle sorte que chacun d'eux se trouve d'autant plus faible qu'il s'écarte davantage de celui du milieu BA, qui est le principal de tous et le plus fort ; puis aussi que le rayon CE commence, étant au point E, à s'élargir, et à se diviser aussi en plusieurs autres, comme EH, E Y, ES, mais que le principal et le plus fort de ceux-ci est EH, et le plus faible ES ; et tout de même que CG passe principalement de G vers I, mais qu'outre cela il s'écarte aussi vers S et vers tous les espaces qui sont entre GI et GS, et enfin que tous les autres rayons qui peuvent être imaginés entre ces trois CE, CB, CG, tiennent plus ou moins de la nature de chacun d'eux, selon qu'ils en sont plus ou moins proches. A quoi je pourrais ajouter qu'ils doivent être un peu courbés vers le soleil ; mais cela n'est pas tout à fait nécessaire à mon sujet, et j'omets souvent beaucoup de choses, afin de rendre celles que j'explique d'autant plus simples et plus aisées.

Or, cette réfraction étant supposée, il est manifeste que lorsque la terre est vers A, non seules, ment le rayon BA doit faire voir aux hommes qu'elle soutient le corps de la comète C, mais aussi que les rayons LA, K A, et semblables, qui sont plus faibles que B A, venant vers leurs yeux, leur doivent faire paraître une couronne, ou chevelure de lumière, éparse également de tous côtés autour d'elle (comme vous voyez à l'endroit marqué 11), au moins s'ils sont assez forts pour être sentis ; ainsi qu'ils le peuvent être souvent venant des comètes, que nous supposons être fort grosses, mais non pas venant des planètes, ni même des étoiles fixes, qu'il faut imaginer plus petites.

Il est manifeste aussi que lorsque la terre est vers M, et que la comète paraît par le moyen du rayon CKM, sa chevelure doit paraître par le moyen de QM, et de tous les autres qui tendent vers M ; en sorte qu'elle s'étend plus loin qu'auparavant vers la partie opposée au soleil, et moins ou point du tout vers celle qui le regarde, comme vous voyez ici 22. Et ainsi paraissant toujours de plus en plus longue vers le côté qui est opposé au soleil, à mesure que la terre est plus éloignée du point A, elle perd peu à peu la figure d'une chevelure, et se transforme en une longue queue, que la comète traîne après elle. Comme par exemple, la terre étant vers D, les rayons QD, VD, la font paraître semblable à 33. Et la terre étant vers o, les rayons Vo, Eo, et semblables, la font paraître encore plus longue ; et enfin la terre étant vers Y, on ne peut plus voir la comète, à cause de l'interposition du soleil, mais les rayons VY, EY, et semblables, ne laissent pas de faire encore paraître sa queue, en forme d'un chevron ou d'une lance de feu, telle qu'est ici 44. Et il est à remarquer que la sphère EBG n'étant point toujours exactement ronde, ni aussi toutes les autres qu'elle contient, ainsi qu'il est aisé à juger de ce que nous avons expliqué, ces queues ou lances de feu ne doivent point toujours paraître exactement droites, ni tout à fait en même plan que le soleil.

Pour la réfraction qui est cause de tout ceci, je confesse qu'elle est d'une nature fort particulière, et fort différente de toutes celles qui se remarquent communément ailleurs. Mais vous ne laisserez pas de voir clairement qu'elle se doit faire en la façon que je viens de vous décrire, si vous considérez que la boule H, étant poussée vers I, pousse aussi vers là toutes celles qui sont au-dessous jusqu'à K ; mais que celle-ci étant environnée de plusieurs autres plus petites, comme 4, 5, 6, ne pousse que 5 vers I ; et cependant qu'elle pousse 4 ^{vers} L, et 6 vers M, et ainsi des autres : en sorte pourtant qu'elle pousse celle du milieu 5, beaucoup plus fort que les autres 4 ; 6, et semblables, qui sont vers les côtés : et tout de même que la boule N, étant poussée vers L, pousse les petites boules 1, 2, 3, l'une vers L, l'autre vers I, et l'autre vers M, mais avec cette différence que, c'est qu'elle pousse le plus fort de toutes, et non pas celle du milieu 2, et de plus que les petites boules 1, 2, 3, 4, etc., étant ainsi en même temps toutes poussées par les autres boules N, P, H, P, s'empêchent les unes les autres de pouvoir aller vers les côtés L et M si facilement que vers le milieu I. En sorte que si tout l'espace LIM était plein de pareilles petites boules, les rayons de leur action s'y distribueraient en même façon que j'ai dit que font ceux des comètes au dedans de la sphère EBG.

A quoi si vous m'objectez que l'inégalité qui est entre les boules N, P, H, P, et 1, 2, 3, 4, est beaucoup plus grande que celle que j'ai supposée entre les parties du second élément qui composent la sphère EBG, et celles qui sont immédiatement au-dessous vers le soleil, je réponds qu'on ne peut tirer de ceci autre conséquence, sinon qu'il ne se doit pas tant faire de réfraction en cette sphère EBG, qu'en celle que composent les boules 1, 2, 3, 4 etc. ; mais qu'y ayant derechef de l'inégalité entre les parties du second élément qui sont immédiatement au-dessous de cette sphère EBG, et celles qui sont encore plus bas vers le soleil, cette réfraction s'augmente de plus en plus, à mesure que les rayons pénètrent plus avant ; en sorte qu'elle peut bien être aussi grande, ou même plus grande, lorsqu'ils parviennent à la sphère de la terre DAF, que celle de l'action dont les petites boules 1, 2, 3, 4, etc., sont poussées. Car il est bien vraisemblable que les parties du second élément qui sont vers cette sphère de la terre DAF ne sont pas moins petites à comparaison de celles qui sont vers la sphère EBG, que le sont ces boules 1, 2, 3, 4, etc., à comparaison des autres boules N, P, H, P.